essentials

Manfred Rühl

Kommunikations-
wissenschaft

Selbstbeschreibung einer Sozialwissenschaft

 Springer VS

Manfred Rühl
Otto-Friedrich-Universität Bamberg
Bamberg, Deutschland

ISSN 2197-6708   ISSN 2197-6716   (electronic)
essentials
ISBN 978-3-658-22481-3   ISBN 978-3-658-22482-0   (eBook)
https://doi.org/10.1007/978-3-658-22482-0

Die Deutsche Nationalbibliothek verzeichnet diese Publikation in der Deutschen Nationalbibliografie; detaillierte bibliografische Daten sind im Internet über http://dnb.d-nb.de abrufbar.

Springer VS

Gedruckt auf säurefreiem und chlorfrei gebleichtem Papier

Springer VS ist ein Imprint der eingetragenen Gesellschaft Springer Fachmedien Wiesbaden GmbH und ist ein Teil von Springer Nature
Die Anschrift der Gesellschaft ist: Abraham-Lincoln-Str. 46, 65189 Wiesbaden, Germany

Was Sie in diesem *essential* finden können

- Eine empirisch testfähige Theorie der Kommunikationswissenschaft, die in Wechselwirkungen mit sozialen, psychischen und bio-chemo-physikalischen Mitwelten (etwa dem Wetter) zustandekommen kann.
- Im Mittelpunkt kommunikationswissenschaftlichen Denkens stehen Kommunikationssysteme, die relationsbegrifflich und systemrational vernetzt, funktional operieren in der Absicht, bewahrtes Kommunikationswissen zu erneuern.
- Historische Kommunikation/Gesellschafts-Verhältnisse sind mit einer System/Mitwelt-Theorie als Erkenntnishilfe zu bearbeiten.
- Neu ist an dieser Theorie der Kommunikationswissenschaft die Unterscheidung von sechs Kommunikationskomponenten: Thema, Sinn, Information, Mitteilung, Gedächtnis und Verstehen, deren Zusammenwirken erst Kommunikationen ermöglichen.
- In der heutigen Weltgesellschaft werden zahlreiche Kommunikationskulturen in Bibliotheken, Archiven und Museen bewahrt, geordnet und gepflegt, mit denen die psychischen Gedächtnisse Einzelner arbeiten können.

Inhaltsverzeichnis

Über den Autor

Manfred Rühl ist emeritierter Professor für Kommunikationswissenschaft an der Otto-Friedrich-Universität Bamberg.

Ausgangslage 1

Der Kommunikationsbegriff ist eine der wichtigsten wissenschaftlichen Errungenschaften des 20. Jahrhunderts. Gleichwohl ist einzuschränken: „Only angels communicate absolutely" (Burke 1965, S. XLIX). Menschliche Kommunikation ist ein systemrationales Zusammenwirken von Sinn, Information, Thema, Mitteilung, Gedächtnis und Verstehen, unter mitweltbedingten Einschränkungen [environmental constraints], strukturiert durch Normen des Sozialen, des Rechts, der Moral, des Vertrauens und der Konventionen (Dank, Höflichkeit, Freundlichkeit), die der Kommunikation Stabilität verleihen. Beginnen Wissenschaftler damit, Kommunikationsprobleme mit irgendwie überlieferten Kommunikationsbegriffen zu diskutieren (Merten 1977), dann können lediglich Übereinstimmungen von Merkmalen ausgewertet werden (Luhmann 1981, S. 33). Statt sachliche, soziale und zeitliche Bezüge zur Kommunikation herzustellen, erfährt man lediglich, was man umgangssprachlich über Kommunikation eh schon weiß. Werden Akteurs-, Handlungs- und Strukturierungstheorien bemüht, dann darf nicht überraschen, wenn keine kommunikationswissenschaftlichen Theorien zustande kommen. Krippendorff (1996, S. 311) bringt es auf den Punkt: „(Re)conceptualising communication, talking or writing of communication, that is, communication of communication, is what we communication scholars do."

Die Kommunikationswissenschaft emergiert nach dem Zweiten Weltkrieg zunächst in den USA unter den Begriffstiteln *Communications, Communication Science* oder *Study of Communication* (seltener: *Communicology*). „Genuine giants emerged from the social sciences as specialists in human communication." Gemeint sind Harold D. Lasswell, Paul F. Lazarsfeld, Kurt Lewin und Carl I. Hovland, „the three Ls and an H", als „forefathers of communication study in America" (Schramm 1997). „Although they were in different disciplines, Schramm found in their theories and methods the intellectual material from which the

© Springer Fachmedien Wiesbaden GmbH, ein Teil von Springer Nature 2018
M. Rühl, *Kommunikationswissenschaft,* essentials,
https://doi.org/10.1007/978-3-658-22482-0_1

new academic field of communication was built in the decades following World War II" (Chaffee und Rogers 1997, S. IX f.). Der Verhaltenswissenschaftler Bernard Berelson (1959) sah die Kommunikationsforschung „dahinwelken" [„withering away"]. Schramm beschreibt die Kommunikationswissenschaft als „Feld im Umbruch" oder als „Feld in Gärung" (Schramm 1983), und er lokalisiert *The Science of Human Communication* (1963, S. 2) an einer „academic crossroad, where many have passed, but few have tarried". Mit der Dissertation *Toward a General Theory of Communication* (Gerbner 1955) und anschließenden Studien (Gerbner 1960, 1967, 1972), wird eine weltweit orientierte Kommunikationswissenschaft angestrebt, die das Studium der Massenmedien einschließt.

Bedeutsam für die Emergenz der *Communication Science* als Universitätsdisziplin wurden Ergebnisse und Erkenntnisse aus dem Forschungsprojekt *Study of War Time Communications,* das während des Zweiten Weltkriegs an der Library of Congress angesiedelt war.

> The Library project had several responsibilities: to perfect tools of research on mass communication; to recruit and train personnel for service in the agencies of propaganda, information, and intelligence; to advise on matters of strategy, tactics, and organization; to describe and analyze certain phases of the history of the war crises (Lasswell und Kaplan 1968, S. V).

Die Projektteilnehmer entwickelten einen neuen Forschungsstil:

> Individual scholarship yielded to team research and disciplinary isolation to interdisciplinary collaboration [...] These were years of liberation from the straitjacket that was called ‚discipline'. We stopped defining ourselves and worked on problems (Eulau 1968).

Nach Kriegsende lehrten und forschten viele der am *Library Project* Mitwirkenden an den neuen universitären Schools and Departments of Communication Science. Ein Reader titelt *Process and Effects of Mass Communication* (Schramm 1954). Das Lehrbuch *The Process of Communication* (Berlo 1960) dominiert zwei Jahrzehnte lang die Bachelor-Studiengänge amerikanischer Colleges. *Mass Communication. A sociological perspective* (Wright 1959, S. 5) „is intended as an introduction to this new field". Das Buch *People, Society, and Mass Communications* (Dexter und White 1964) richtet sich an „professionals, scholars, and students".

Genau besehen waren *Zeitungswissenschaft* und *Publizistikwissenschaft* nach dem Zweiten Weltkrieg theoretisch und methodisch am Ende (Bohrmann 1997, S. 57). Beide Disziplinen wurden seit den 1960er Jahren von Begriffen, Theorien und Methoden der „amerikanischen" Kommunikationswissenschaft abgelöst (Rühl 2006, S. 351). Kieslich (1963), Prakke (1963), Dröge und Lerg (1965),

Maletzke (1967), Koszyk (1968), Rühl (1969a, b) und Lerg (1970) verglichen – aus inkongruenten Perspektiven – Publizistikwissenschaft und Communication Science. An der Universität Erlangen-Nürnberg wird 1964 ein eigener Lehr- und Forschungsbetrieb für Kommunikationswissenschaft aufgenommen (Ronneberger 1970, S. 61 ff.), primär orientiert am Paradigma *Sozialisation durch Massenkommunikation* (Ronneberger 1971, S. 32 ff.), ausgerichtet auf „Wirkung der Massenmedien […] innerhalb der Kommunikationswissenschaft". Eine Theorie der *Kommunikationspolitik* (Ronneberger 1978–1986) emergiert, und zahlreiche theoretisch-empirische *Journalismus-* und *Public Relations-Untersuchungen* werden vorrangig system-, organisations- und entscheidungstheoretisch konzipiert (Rühl 2015, S. 17 ff., 109 ff.). Ab 1970 fördert die Deutsche Forschungsgemeinschaft (DFG) den für Interdsziplinarität geeigneten Sonderforschungsbereich 22 *Sozialisations- und Kommunikationsforschung.* Hinter den vorherrschenden Bindestrichtiteln Publizistik- und Kommunikationswissenschaft oder Medien- und Kommunikationswissenschaft findet man keine kommunikationswissenschaftlichen Theoriearchitekturen. Dadurch wird eine *Propädeutik der Kommunikationswissenschaft* (Mehling 2015) erheblich erschwert.

Nach einem halben Jahrhundert des Studiums der Kommunikationswissenschaft verstärkt sich mein Eindruck: Wir wissen viel über Kommunikation, ohne recht zu wissen, was wir wissen. Was fehlt ist eine kontinuierliche Diskussion kommunikationswissenschaftlicher Theoriebildung, Theorienprüfung und Methodenreflexion. Psychologisch ausgerichtete Kommunikationswissenschaftler studieren subjektives und kollektives Verhalten, Handeln, Motive, Einstellungen und Medienbewirkungen, ohne grundlagentheoretische Bezugnahmen auf Kommunikationsbegriffe und Kommunikationstheorien. Wird mit einer verhaltenstheoretischen Sichtweise behauptet: Man kann nicht *nicht* kommunizieren (Watzlawick et al. 1971, S. 51), dann kann das „man" (oder „frau") sicherlich nicht. Denn zu jeder Kommunikation gehören mindestens zwei, die ein Kommunikationssystem bilden. – In der Raumfahrt heftet die NASA 1972 je ein vergoldetes Aluminiumschild an die interplanetarischen Sonden *Pioneer10* und *Pioneer 11,* das ein Strahlenmuster, ein Schema des Sonnensystems und zwei nackte Menschen zeigt (Watzlawick 1973, S. 199 ff.). Dergestalt sollte gegebenenfalls mit Außerirdischen kommuniziert werden. Frage: Können Erdlinge von Außerirdischen erwarten, dass sie irdisches Denkzeug kennen und mit ihm umgehen können (Rühl 2008b)? – Eine *Theorie der mathematischen Kommunikation* postuliert: „The fundamental problem of communication is that of reproducing at one point either exactly or approximately a message selected at another point. Frequently the messages have *meaning* […] these semantic aspects of communication are irrelevant to the engineering problem" (Shannon 1969, S. 31, H. i. O.). Frage: Kann man Ingenieuren unterstellen, keine Sinnprobleme zu haben?

Es gehört zum Alltagsgeschäft jeder Wissenschaft, vorfindbare Theorien kritisch zu vergleichen. Vor etwa 43.000 Jahren hinterließ Homo sapiens in den Eiszeithöhlen der Schwäbischen Alb, Flöten aus Geierknochen, auch die Mammut-Elfenbein-Figuren Löwenmensch und Venus vom Hohle Fels (Conard und Kind 2017). Medienfunde dieser Art befähigen noch nicht, wissenschaftliche Theorien über Kommunikation/Gesellschafts-Verhältnisse zu formulieren. Dies gelingt eher den „Kommunikationsarchäologen" Lasswell et al. (1979), Flias (1976), Eisenstadt (1987) oder Assmann (1996), die öffentliche Kommunikation in Tempeln, Arenen und Kultstätten antiker Reiche beobachten. Ist von „Kommunikationsgeschichte" die Rede, und werden Forschungen von Prutz (1971 [1845]) Groth (1948), Baumhauer (1986), Koszyk (1966, 1972), Lindemann (1969), Stöber (2000, 2003), Wilke (2000), Rogers (1994), Meyen und Löblich (2006, 2007) Szyszka (1990) und Averbeck (1999) kommunikationsgeschichtlich klassifiziert, sind dann Forschungsergebnisse schon kommunikationswissenschaftlich geprüfte Erkenntnisse, zur Erneuerung von Kommunikationswissen?

2.1 Alteuropäisches Nachdenken über Kommunikation

Wirkmächtige Systemtheorien verwenden in Europa bereits die Vorsokratiker zur Herstellung von Beziehungen zwischen Himmel, Sternen und Erde, zwischen Naturgewalten, Göttern, Mythen und anderen Menschen. **Aristoteles** kennt den „ganzen Menschen" als einsichtsvolles, wahrheitsfähiges und politisch begabtes Wesen, das durch die Lehre vom kunstfertigen Reden [rhetorike techne] höher qualifiziert werden kann. **Platon** vergleicht die Kommunikation in der politischen

© Springer Fachmedien Wiesbaden GmbH, ein Teil von Springer Nature 2018
M. Rühl, *Kommunikationswissenschaft,* essentials,
https://doi.org/10.1007/978-3-658-22482-0_2

Gemeinschaft [koinonia politike] mit Welterfahrung durch Dialektik, Poetik, Forensik und Rhetorik (Havelock 1963, S. 42).

> Koinonia ist ein Ganzes, das aus Teilen besteht; das Ganze ist den Teilen übergeordnet; es ist Zweck und sie die Mittel. Diese systemtheoretische Konfiguration wird auf die politische Gesellschaft als die eigentliche koinonia übertragen. Die Begriffspaare Ganzes/Teil, Oben/Unten, Zweck/Mittel werden dabei aufeinander projiziert und in Bezug aufeinander erläutert (Luhmann 1971a, S. 8).

Wird heute die öffentliche Kommunikation primär durch Rechtsnormen strukturiert, dann beruft sich Aristoteles (1979, S. 1155a 3 ff., 1159b, 20 ff.) auf *Grundarten der Freundschaft,* die den Zusammenhalt der Gesellschaft ermöglichen sollen. Element der altgriechischen Stadtgesellschaft [polis] ist der Haushalt [oikos], zuständig für Eigenbewirtschaftung und Nachwuchspflege. Den Markt [agora] gibt es in zweierlei Gestalt: als Zentrum öffentlicher Debatten und als Platz für den Handel mit Sklaven und Kriegsbeute (Austin und Vidal-Naquet 1984). Platon erfindet „a complete new level of discourse which as it became perfected was to create in turn a new kind of experience of the world – the reflective, the scientific, the technological, the theological, the analytic" (Havelock 1963, S. 267). Für Aristoteles (1979) kann individuelles und gesellschaftliches Wissen produziert werden, wenn Denken, Erinnern, bewusstes Wollen, Sprechen und Urteilen einbegriffen werden. *Poiesis,* der vernünftige Gebrauch der Hände für die handwerkliche Herstellung eigenständiger Objekte, wird unterschieden von *praxis,* dem zweckgerichteten Handeln in den Formen Heilen, Wirtschaften, Musizieren oder Schwimmen. Der Begriffstitel *Kommunikation* [lat. communicatio] umfasst im antiken Denken die Begriffe Mitteilung, Verbindung, Austausch, Verkehr, Gewährung, Umgang und Gemeinschaft (Saner 1976).

## 2.2	17. Jahrhundert: Mensch – Kommunikation – Gesellschaft

Im 16. Jahrhundert beobachten Europäer die *Ereignishaftigkeit der Welt* als ein Ganzes im Modus Buch: als Buch der Natur, Buch des Lebens oder als Buch der Geschichte (Blumenberg 1981). Galileo Galilei, Johannes Kepler, Isaac Newton und Carl von Linné begreifen *Wissenschaft* als Erfahrungssystem (Riedel 1990, S. 296). Francis Bacon (1990) vertritt in seinem wissenschaftstheoretischen Hauptwerk *Neues Organon* die These: Wissenschaft wird von kommunizierenden Wissenschaftlern gemacht (Krohn 1990, S. XXX). Damit setzt Bacon ein gesellschaftstheoretisches Denken in Gang, das wegführt vom feudal-agrarischen Europa und hinführt zur kapitalistisch-industriellen Weltordnung. Hugo Grotius

(1950) konzipiert *Gesellschaft als System.* Thomas Hobbes (1968) unterscheidet im *Leviathan* die Familie als „natürliche" Einheit von den Korporationen, Zünften und Handelsgesellschaften als „künstliche", sprich: vertraglich gestützte Einheiten. Handlung [actio] oder Arbeit [operatio] bilden Ausgangslagen für die Wissenschaft, deren Technik Hobbes auf das Messen von Körpern und inneren Bewegungen, auf das Bewegen von Lasten, das Treiben von Schiffen und das Herstellen von Werkzeugen bezieht. Hobbes (1968, S. 274) definiert: „By Systems; I understand any numbers of men joyned in one Interest, or one Businesse".

Anfangs des 17. Jahrhunderts erscheinen die ersten Wochenzeitungen: die *Relationen* in der Reichsstadt Straßburg und der *Aviso* in der Residenzstadt Wolfenbüttel. Zeitungen thematisieren Kriege, Schlachten, Katastrophen, Unglücke, Gewalttaten, Kuriositäten, fürstliche Geschlechterfolgen, Konzile, Reichstage und Messen. Sie werden hergestellt im *Typographeum,* einer neuartigen Produktionsstätte (Giesecke 1991, S. 63 ff.), noch ohne *Redaktion* (Rühl 1969, S. 26 ff., 1979, S. 43 ff.), als kommerzialisierbare Waren zum Lesen und Vorlesen (Rühl 1999, S. 55 ff.).

Im absolutistischen Frankreich diagnostiziert der hugenottische Arzt **Théophraste Renaudot** einen Elendskreislauf, bestehend aus Armut, Hunger, epidemischen Krankheiten, Unterernährung, Bildungsmangel und Dauerarbeitslosigkeit. Der Erste Minister und Kardinal Richelieu bestellt Renaudot 1618 zum Commissaire Général des Pauvres, ein Amt, das Renaudot medizinisch, sozialpolitisch, kommerziell und publizistisch ausgestaltet. Im Mittelpunkt steht das *Bureau d'adresse et de rencontre,* eine Mehrzweckorganisation für Diagnosen, Therapien und für den Tausch von Waren und Dienstleistungen. Das Bureau, das unter staatlicher Aufsicht steht, erteilt rechtlichen Rat und vermittelt Kredite. Gegen eine Gebühr von drei Sous kann jeder Interessent seine Nachfrage oder sein Angebot in die ausliegenden *Feuilles du bureau d'adresse* eintragen bzw. dort einsehen. Kapital und Grundstücke werden gesucht, Obstpreise, Fleisch- und Brottaxen bekannt gegeben, desgleichen Geburten, Trauungen und Todesfälle. Die Klientel besteht aus Arbeitsuchenden und Geringverdienern, die gebrauchte, verlorene und gestohlene Sachen anzeigen und sich selbst als Arbeitshilfen, Dienstboten und Reisebegleiter anbieten. Bald kommen Zahlungskräftigere hinzu, die sich für Kutschen, Schmuck, Gobelins und Teppiche interessieren, auch für militärisches und gesellschaftliches Wissen (Solomon 1972, S. 227 ff.). Auf diese Weise wird Renaudot zum Erfinder des *organisatorischen Helfens* (Rühl 2011, S. 84 ff.; Rühl und Dernbach 1996).

Zwischen 1633 und 1642 bietet das Bureau wöchentlich Vorträge anzu den Themen Alchemie, Ansteckung, Erdbeben, Magnetismus, Satire, Ptolemäus oder Hexerei (Wellman 2003). Ab 1631 publiziert Renaudot in Paris die vierseitige,

wöchentlich erscheinende *Gazette* (später: *Gazette de France*), mit Provinzaus-
gaben in Lyon, Rouen und Orléans. Die *Gazette,* ein Instrument der Machtpoli-
tik Richelieus, enthält zudem fantastische Geschichten über Wunder und Übel
dieser Welt – auch einen regelmäßigen Wetterbericht. Renaudot entwickelt eine
vernetzte Medizin-, Sozial- und Publizistikpolitik unter absolutistischen und mer-
kantilistischen Bedingungen.

Der Jurist, Philosoph und Universitätsreformer **Christian Thomasius** kriti-
siert die an der kursächsischen Universität Leipzig vorherrschende protestantische
Orthodoxie, insbesondere ihr gelehrtes, lateinisch vermitteltes Schulwissen.
Thomasius bevorzugt das Selbstdenken in Wissenschaft und Alltag.

> [...] auch ein unstudirter Mann/er möge nun ein Soldat/Kauffmann/Hauß-Wirth/ja gar
> ein Handwerks-Mann oder Bauer/oder eine Weibes-Persohn seyn/wenn sie nur die
> *Praejudicia* von sich legen wollen/noch viel bessere Dinge in Vortragungen der Weiß-
> heit werden thun können/als ich oder ein anderer (Thomasius 1998, Vorrede, H. i. O.).

Thomasius stellt der Leipziger Scholastik ein *teutsch programma* zur Seite, das
er am Schwarzen Brett ankündigt. Die deutsche Sprache ist für ihn eine wich-
tige Voraussetzung bei der Neukonzeption von Lehrinhalten. Am 31. Oktober
1687, dem Reformationstag, kündigt Thomasius (1994a) *der Studierenden
Jugend zu Leipzig* eine deutschsprachige Vorlesung an unter dem Titel: *Discours
Welcher Gestalt man denen Frantzosen in gemeinem Leben und Wandel nachahmen solle? ein Collegium über des Gratians Grund-Reguln/Vernünfftig/klug
und artig zu leben.* Andere Vorlesungen titeln: *Mängel der heutigen Akademien*
(1994b), *Wie ein junger Mensch zu informieren sei* (1994c) und *Mängel der aristotelischen Ethik* (1994d). Thomasius bekämpft politisch-religiös veranlasste Fol-
ter und Hexenverbrennung. Zwischen Januar 1688 und April 1690 ediert er die
Monats-Gespräche (Kurztitel), die erste deutschsprachig gelehrt-unterhaltende
Wissenschaftszeitschrift. Im März 1690 trifft Thomasius das Lehr- und Publika-
tionsverbot der Universität. Er wechselt ins brandenburg-preußische Halle und
wird Mitbegründer der neuen Universität. Hauptanliegen des „ärgerlichen Neue-
rers" und „deutschen Gelehrten ohne Misere" (Bloch 1968) war der moralische
Umbruch, hin zu einer bürgerbestimmten Gesellschaft. In der *Einleitung zur SittenLehre* entwirft Thomasius (1995, S. 89, H. i. O.) eine Theorie wechselseitiger
Abhängigkeit von Mensch, Kommunikation und Gesellschaft:

> [...] der Mensch wäre ohne menschliche Gesellschafft nichts [...] Ein Mensch
> müsste verderben/wenn sich andere Menschen nicht seiner annähmen [...] Was
> wären ihm die Gedanken nütze/wenn keine andere Menschen wären? [...] Die
> Gedanken sind eine innerliche Rede. Wozu brauchte er diese innerliche Rede/wenn
> niemand wäre, mit dem er seine Gedanken *communiciren* solte?

Freiheit ist für Thomasius notwendige Voraussetzung für Kommunikation und Wissenschaft.

> Es ist ungebundene Freyheit, ja die Freyheit ist es, die allem Geiste das rechte Leben giebet, und ohne welche der menschliche Verstand, er möge sonsten noch so viel Vortheil haben als er wolle, gleichsam todt und entseelt zu seyn scheinet (Thomasius 1994e).

Der gebildete **Kaspar Stieler** wird im In- und Ausland vielseitig erwerbstätig (Rühl 1999, S. 91 ff., 2015, S. 36 ff.). Stieler propagiert *publiciren* als Notwendigkeit für die Verwirklichung eines bürgerlichen Lebens, und er formuliert den gegenwartsnahen Stellenwert der Zeitung lesepolitisch:

> Wir ehrliche Leute/die wir itzt in der Welt leben/müssen auch die jetzige Welt erkennen: und hülft uns weder Alexander/Caesar/noch Mahomet nichts/wann wir klug sein wollen. Will aber wer klug seyn und werden/wo er anders in der Stats-Handels- und Bürgerl. Gesellschaft leben will/so muss er die Zeitungen wissen/er muß sie stets lesen/erwägen/merken/und einen Verstand haben/wie er mit denenselben umgehen soll (Stieler 1969, S. 4).

Durch allgemeinsprachliche Zeitungstexte entsteht, so Stieler, ein gesellschaftlich-politisches Wissen als Richtschnur für Klugheit im Alltag. Zeitungen sind Mittel der Welt(er)kenntnis, die aus jedem einen *Politicus* machen können (Stieler 1969, S. 4 f.).

Im Spätmittelalter und in der frühen Neuzeit transportiert ein netzförmig organisierter Handel Insiderinformationen durch stadteigene Botensysteme, die in europäischen Städten einer bestimmten Adresse geldwerte Nachrichten zustellen (Sporhan-Krempel 1968). Wenige Jahrzehnte nach Erfindung des Buchdrucks wird Albrecht Dürers Patenonkel, Anton Koberger, der wahrscheinlich erfolgreichste Buchdrucker, Verleger und Buchhändler Europas. Er beschäftigt an 24 Pressen „einhundert und etliche Gesellen": Schriftgießer, Schriftenmaler, Schriftenschneider und Schriftsetzer, Correctoren, Drucker, Illuministen, Componisten, Kupferstecher, Kupferdrucker, Holzformschneider und Buchbinder. Zeitungen werden in „Avisenheusern und Zeitungsbuden" hergestellt und ambulant „vmbgetragen" (Lindemann 1969, S. 35 ff.). Höfe, Ämter, Gymnasien, Universitäten, Klöster und Lesegesellschaften sind ständige Bezieher von Zeitungen, und es entsteht eine latente Öffentlichkeit, aus der immer wieder Käufer und Leser rekrutiert werden (Rühl 1999, S. 55 ff.). Lustvolles und nützliches Lesen der 50 bis 60 Zeitungen, die um 1700 in Deutschland erscheinen (Meyen und Löblich 2006, S. 74), sollen von Nutzen sein „bey der Kaufmannschaft [...], bey grosser Herren Höfen [...], im Krieg [...], bey der Kirche [...] auf hohen Schulen [...], im

Frauen-Zimmer [...], im Hause [...], auf der Reise [...], in Unglücksfällen [...], beim Trunke und Zusammenkunften [...], bey der Statskunde Beflissenen insonderheit" (Stieler 1969). Das Vorlesen von Zeitungen in einer hochgradig analphabeten Gesellschaft hält Stieler für notwendig. Eingedeutscht wird „publicq" mit „offenbar", „publiciren" mit „kund machen" und „Publication" mit „Eröffnung". Damit nähert sich Stieler dem englischen und französischen Wortsinn von „public" als „öffentlich, allgemein zugänglich", zu einer Zeit, als im Deutschen „publik" noch „staatlich" gelesen wurde.

Wie Thomasius (2002) setzt auch Stieler auf Privatklugheit (nicht auf Staatsklugheit) zur Bestimmung der Beziehungen zwischen Zeitung und ständischgeschichteter Gesellschaft. Zeitung(vor)lesen setzt nach Stieler Vorkenntnisse und Verstand voraus. Er unterscheidet den Zeitungsschreiber vom Geschichtsschreiber und projiziert die Zeitungspublizistik auf Staat und Ökonomie. Stieler schätzt „der Zeitungen Notwendig- und Nutzbarkeit" hoch ein, weniger ihren Wahrheitswert. „Nicht alles/was in Zeitungen stehet/ist bedenkens wehrt" (Stieler 1969, S. 118). Die Zeitung als Quelle für ein täglich brauchbares Kommunikationswissen soll dem Volk zu einer besseren Lebensführung verhelfen.

2.3   18. Jahrhundert: Aufklärung als europäische Kommunikationsbewegung

Im 18. Jahrhundert verschiebt sich der Gesellschaftsbegriff vom Verständnis einer *politischen Gesellschaft [societas civilis]* hin zu einer *Wirtschaftsgesellschaft [commercial society]*. **Adam Smith,** Moralphilosoph, Begründer der Nationalökonomie und liberaler Wirtschaftspolitiker, konzipiert das *system of political oeconomy* mit den Gegenstandsformen *system of commerce* und *system of agriculture* (Riedel 1990, S. 301). Adam Smith fragt: Wie müssen wirtschaftliche, politische, moralische und rechtliche Systeme der Bürgergesellschaft beschaffen sein, damit auf der Grundlage eines konstanten materiellen Wohlstands, ein aufgeklärtes Individuum verwirklicht werden kann (Kaufmann und Krüsselberg 1984)? Wie anders kann der Mensch auf sich selbst als *Ego* und auf andere als *Alter* reflektieren, wenn nicht durch *communication,* zusammen mit Vernunft, Geselligkeit, Verstehen, Vorstellungskraft *[imagination]* und Mitgefühl *[fellow feeling]* (Smith 2004, S. 167)? Menschen kommunizieren im Spiegel der Gesellschaft, im Verbund mit Wissen *[knowledge]*, Gedächtnis *[memory]* und Vernunft *[reason]*, sodass die bürgerlich-politische Ökonomie als freies, sich selbst regulierendes System bestimmt werden kann.

Immanuel Kant (1968a) gibt den Begriffen *System, Gesellschaft* und *Publizität* eigene Bedeutungen. *System* wird architektonisch vorgestellt, als „Einheit der mannigfaltigen Erkenntnisse unter einer Idee". Gesellschaft entsteht als

Systemmodell, als Vergesellschaftung Einzelner, als Miteinander *und* Gegeneinander der Menschen, als deren Vereinzelung *und* Vereinigung, als Trieb *und* Vernunft. Kant (1968b) opponiert die ständische Hierarchie. *Freiheit, Gleichheit* und *Selbstständigkeit* sollen allen zukommen; dem Einzelnen die *Meinungsäußerungsfreiheit* (Kant 1968c). Mit der Vernunftrationalität vergleichgültigt Kant die auf das Wesen der Dinge abzielenden Was-Ist-Fragen. Er definiert Wissenschaft als empirische Forschung durch Kritik als Vernunftkontrolle. *Wissenschaft* ist ein architektonisch einheitliches System von Erkenntnissen, ein nach Prinzipien geordnetes Ganzes von Aussagen, das dem Erkennen dient. Mit Adam Smith teilt Kant (1968b) die Auffassung, dass nicht Gottesgebote, Naturgesetze, politisch-soziale Autoritäten oder Traditionen die Maßstäbe für Handeln und Kommunikation sein können. Vom Einzelnen fordert er, sich seines Verstandes autonom und öffentlich zu bedienen (Kant 1968d). Der Begriff *Publizität* erhält im Deutschen des 18. Jahrhunderts die politisch-moralische Qualität, die *publicité* im Französischen und *publicity* im Englischen schon besitzen (Hölscher 1978). Kants (1968e, S. A 94 ff.) *Publizität als Prinzip* ist grundlegend für jede Art von Wahrheitsprüfung. Alle auf andere bezogene Handlungen müssen *Publizität* ertragen können (Kant 1968d, S. A 492), und *Funktion* dient dazu, eine Ordnung wissenschaftlicher Aussagen zusammenzuhalten.

August Ludwig Schlözer, ein „Aufklärer aus dem Bilderbuch" (Heuß 1954), forscht und lehrt vierzig Jahre lang an der Universität Göttingen. Schlözer war Mitbegründer der Disziplinen politische Geschichtswissenschaft, Geschichtstheorie, Statistik (als Staatskunst), Wirtschaftspolitik und Staatsrecht, und er unterscheidet zwischen theoretischem Erkenntnisgewinn und technisch-praktischer Anwendung. Zu Letzterem gehört vor allem das *akademische Zeitunglesen.* In jedem Wintersemester kündigt Schlözer ein Reise- und Zeitungskollegium über „Hauptbegebenheiten" an: über den „Nordamerikanischen Krieg", eine „Papstwahl" oder die „Krönung eines Königs". Dazu steuert er „umständliche historische, geografische und politische Erläuterungen" bei, „mit angestrengtem Fleiße, beim Gebrauch einer Bibliothek", um die jeweiligen Problemlagen besser analysieren zu können. In einer Programmschrift verneint Schlözer die Absicht, den Studenten die Mühe des Zeitunglesens abnehmen, ihnen „das Geheime" in der Zeitung sowie das, was nicht in der Zeitung steht, verraten zu wollen. Am allerwenigsten will er mit Studenten bloß politisieren. „Es giebt eine ‚Kunst Zeitungen zu lesen', die wie andere Künste erst gelernt werden muss" (Schlözer 1777, S. 24). Die Lehre der Politik als Wissenschaft soll theoretisch-methodisch von der Zeitungslektüre ausgehen (Schlözer 1804). Er unterscheidet seine didaktisch-propädeutische Lehre nach den Leitbegriffen *Aggregat* und *System* (Schlözer 1997, S. 14 ff.), und er problematisiert Entdeckungen und Erfindungen, etwa das Brotbacken oder die Schriften.

Die Produktion, Verbreitung und Nutzung von Tabak, Kaffee, Tee, Kartoffel, Zucker, Silber und Seide werden technik-, handels- und finanzgeschichtlich untersucht (Rühl 2008a, 2011, S. 90 ff.).

Joachim von Schwarzkopf, ein Schüler Schlözers, wird Berufsdiplomat und Zeitungsforscher (Groth 1948, S. 68 ff.). Er interessiert sich vorrangig für politische, für meinungsäußernde Zeitungen im In- und Ausland, in Relation gesetzt zu *Zeitungsfabriken,* zu Post- und zu Handelsstraßen (Schwarzkopf 1993, S. 24 ff.). Zeitungen werden zweckorientiert beurteilt, in Abhängigkeit von Geschichte, Verfassung, Wirtschaft, Verkehr, Volkscharakter, Sitten, Bevölkerungsdichte und Kulturen. Residenz-, Reichs- und Hauptstädte begreift Schwarzkopf als Nachrichtenquellen. Das *Lokale* und das *Regionale* sind für ihn je eigene publizistische Foren; *Kaffeehäuser* und *Familienkreise* sind Orte *bürgerlich-kritischer Öffentlichkeit.* Als Diener des aufgeklärten Absolutismus unterscheidet Schwarzkopf zwischen *Preßfreiheit, Preßfrechheit* und *Preßzwang,* zwischen privaten und öffentlichen Angelegenheiten, und er beurteilt ziemlich nüchtern „den Nutzen" für das Angeben von Quellen, und die „Nutzlosigkeit", einmal veröffentlichte Behauptungen berichtigen zu wollen. Pressepolitisch befürwortet Schwarzkopf die Entlastung der Zeitungen von Privilegierungstaxe und Postgebühren. Redaktionskosten sollen ins Verhältnis gesetzt werden zu Druckkosten und Abonnementerlösen (Schwarzkopf 1976a, 1976b). Lesezirkel und Zeitungskabinette – Frühformen gemeinwohlorientierter Vereinsbildung – sollen erhalten bleiben (Engelsing 1974). Den Zensoren wird empfohlen, die Zeitungsinhalte nach den „Verdauungssäften" ihrer jeweiligen Leserschaften zu dosieren. Auch die *Zeitungsherstellung* wird charakterisiert und qualifiziert:

> Unter den dreihundert Zeitungsschreibern und den dreifach mehrern Intelligenzcomtoiren, welche zwischen dem Bodensee und dem Baltischen Meere, von einem Posttage zum andern dem Deutschen Publikum erzählen, was geschehen ist und wird, stehen die Sächsischen in geografischer und gleichsam auch in moralischer Mitte (Schwarzkopf 1976a, S. 1).

Im *Journalismus* unterscheidet Schwarzkopf „compiliren", also texten, von „redigiren" und vom Nachrichtensammeln. Zur *Wahrheitssicherung* setzt er auf die Mitarbeit „patriotischer Gelehrter".

Johann Heinrich Müller alias John Henry Miller, ein Buchdrucker, Journalist und Übersetzer, war in die britischen Kolonien ausgewandert, wo er im vorrevolutionären Philadelphia die deutschsprachige Zeitung *Wöchentlicher Pennsylvanischer Staatsbote* herausgibt. Dieser Miller war für Schwarzkopf ein gelungenes Beispiel der Integration (Lerg 1999). Schwarzkopf hatte von Jugend an Materialien für „ein System über Zeitungen" gesammelt. Er stirbt 1806 in Paris im Alter von vierzig Jahren.

Die *Federalist Papers,* das sind fünfundachtzig Zeitungsartikel, mit denen 1787/1788 die Bevölkerung des Staates New York für die Ratifizierung der bundesstaatlichen Verfassung [Federal Constitution] gewonnen werden soll. Unter dem gemeinsamen Pseudonym *Publius* beabsichtigten die Autoren **James Madison, Alexander Hamilton** und **John Jay,** zur Stabilisierung der jungen Republik, wirtschafts- und finanzpolitische Möglichkeiten einer künftigen Industriegesellschaft aufzuzeigen (Hamilton et al. 1993). Die Freiheitsrechte der US-Staatsbürgerschaft [citizenship] werden 1791 im Ersten Zusatzartikel [First Amendment] zur US-Bundesverfassung verankert:

Der Kongress darf kein Gesetz erlassen, das die Einführung einer Staatsreligion zum Gegenstand hat, die freie Religionsausübung verbietet, oder die Redefreiheit, oder die Pressefreiheit, oder das Recht des Volkes einschränkt, sich friedlich zu versammeln und die Regierung durch Petition zu ersuchen, Missstände abzustellen.

Dieser Verfassungstext wird wegweisend für viele Gesellschaftsordnungen (Grimm 1988).

2.4   19. Jahrhundert: Industriegesellschaft – Verfassungsstaat – Publizistik

Für das 19. Jahrhundert werden zwei sozialwissenschaftliche Erklärungsansätze typisch: *Systembildung* und *soziale Evolution* – in Auseinandersetzung mit Liberalismus, Sozialismus, Nationalismus, später mit Nationalsozialismus und Faschismus. 1806 begegnet der 36-jährige, schlecht bezahlte a. o. Professor an der Universität Jena, **Georg Wilhelm Friedrich Hegel,** Napoleon Bonaparte, der „Weltseele zu Pferde" (O-Ton Hegel). Die Universität wird (vorläufig) geschlossen. Der stellenlose Hegel reist nach Bamberg, wo er für eineinhalb Jahre als gut bezahlter Alleinredakteur und Mitverleger der *Bamberger Zeitung* tätig wird (Rühl 2015, S. 55 ff.). Im örtlichen Wissenschaftsverlag Goebhardt erscheint 1807 die *Phänomenologie des Geistes,* das erste Hauptwerk, in dem Hegel das *Entstehen des Neuen aus dem Alten* organisch expliziert:

Die Knospe verschwindet in dem Hervorbrechen der Blüte, und man könnte sagen, daß jene von dieser widerlegt wird; ebenso wird durch die Frucht die Blüte für ein falsches Dasein der Pflanze erklärt, und als ihre Wahrheit tritt jene an die Stelle von dieser. Diese Formen unterscheiden sich nicht nur, sondern verdrängen sich auch als unverträglich miteinander (Hegel 1998, S. 12).

Erkennen verläuft für Hegel (1998, S. 15, 14) über Begriff und System:

> Das Element des Wahren ist der Begriff und seine wahre Gestalt das wissenschaftliche System [...] Die wahre Gestalt, in welcher die Wahrheit existiert, kann allein das wissenschaftliche System derselben sein.

Hegel (1995, S. § 209, H. i. O.) beschreibt den Menschen dergestalt:

> Es gehört der Bildung, dem *Denken* als Bewusstsein des Einzelnen in Form der Allgemeinheit, dass Ich als *allgemeine Person* aufgefasst werde, worin *Alle* identisch sind. *Der Mensch gilt so, weil er Mensch ist,* nicht weil er Jude, Katholik, Protestant, Deutscher, Italiener usf. ist.

Für Hegel besteht die *Gesellschaft* aus konkreten *Personen und Eigentümern.* Die *Staats-Arbeit* ist für ihn die höchste Stufe der Arbeit überhaupt. Familie, Gesellschaft und Zeitung gehören zum Staat. Hegels Zeitungstheorie ist eine *staatsdienstliche* Produktionstheorie, die strategisch geplant und an sieben Tagen in der Woche taktisch erneuert wird. Für Hegel ist es Aufgabe der Zeitung, die Staatsgesamtheit zu stabilisieren. Deshalb erwartet er vom königlich-bayerischen Staat, die *Bamberger Zeitung* zu subventionieren (Rühl 1999, S. 146).

Der Junghegelianer **Robert Eduard Prutz** (1971, S. 84) entdeckt 1845 im *Journalismus* „eines der vorzüglichsten Werkzeuge" zur Verwirklichung des „demokratischen Prinzips der Geschichte", orientiert an Freiheit, die der von ihm hochgeschätzte Christian Thomasius als „menschengesellschaftliche Notwendigkeit" voraussetzt. Der Althegelianer **Franz Adam Löffler** (1837), ein Gegner des Freiheitspostulats, befürwortet eine Presse für den antiliberalen Gesetzesstaat. Löffler will dem „Irrthum des großen schriftstellernden Heerhaufens" mit einer „Wissenschaft der Presse für Zeit und Zukunft" entgegentreten. Anders Prutz, der den Journalismus in Beziehung setzt zur Demokratie, als „zeitbezogenen permanenten Kommunikationskreislauf" (Schmolke 2002, S. 357). Dabei geht er von einem Gesetz der Ordnung aus, wonach der Journalismus mit der lutherischen Reformation beginnt. Prutzens Journalismus ist nicht medienabhängig. Schon das mündlich überlieferte Volkslied könne als journalistische Leistung gelten. Prutz beschreibt die Bedeutung des Journalismus für das öffentliche Leben in Vergangenheit und Zukunft. Journalismus kann nur in Gesellschaften faktisch werden, in denen die Normen der Demokratie gelten, weshalb Journalismus und Demokratie als zwei Seiten eines gesellschaftlichen Entwicklungsprodukts anzusehen und stufentheoretisch zu ordnen sind. In jeder Stufe werden die Zustände, Erfahrungen und Kenntnisse der vorangegangenen Stufen eingebracht. Nach Prutz (1971, S. 17 ff.) erzeugt der Journalismus durch Zeitungen die *öffentliche Meinung* als mächtige Stimme des Publikums. Durch das Zusammenspiel zwischen

Journalismus, Buchdruck, Eisenbahn und anderen *epochemachenden Erfindungen* kann der wissenschaftliche Fortschritt zum Besitz aller werden. Goethe, Humboldt und Nietzsche befinden: der Systembegriff kann weder in der Natur noch in der Geschichte einen festen Halt gewinnen (Riedel 1990, S. 313). Prutz, Knies, Schäffle und Bücher verbinden wirtschaftliche und soziale Zusammenhänge zwischen Presse, Kommunikation, Gesellschaft und Öffentlichkeit, zusammen mit den neuen *Communicationsmitteln* Eisenbahn und Telegraf (Knies 1853, 1857).

Karl Knies lehrt politische Ökonomie, mehr als dreißig Jahre lang an der Universität Heidelberg. *Kommunikation* ist für Knies eine wirtschaftliche, soziale und publizistische Transportleistung im Modus *Nachrichtenverkehr*. Nicht mehr Ordinari-Boten-Systeme oder die Taxissche Pferdepost, sondern die Dampfverkehrstechnik übernimmt nunmehr den Nachrichtentransport. Das autonome System Eisenbahn transportiert Personen und Güter, zeitlich verkürzt, aber mit höherem Energieeinsatz. Knies (1857) räumt dem Staat ein wirtschafts- und finanzpolitisches Mitwirken ein. Er vergleicht die Leistungen von Telegraph, Eisenbahn und Unterwasserkabel. In den Punkte/Striche-Kombinationen des *Morse-Alphabets* erkennt Knies eine neuartige Schrift als Mittel, Nachrichten über weite Strecken öffentlich zu transportieren, gerichtet an viele, persönlich Unbekannte.

Prutz, Knies, Schäffle und Bücher konzipieren *Zeitungmachen* und *Zeitunglesen* nicht mehr personengebunden. Sie operieren mit *Zeitungskreisläufen* in der sich industrialisierenden, urbanisierenden und literalisierenden Gesellschaft (Rühl 1999; Hardt 1979). Die Begriffe *Mittel, Mitteilung* und *Mitteilbarkeit* wurden semantisch erweitert (Hügli 1980a, b). Zeitungen und Geschäftsannoncen gelten als wirtschaftsfördernd. Es entstehen neue publizistische Erwerbsberufe und ein Verbandswesen mit einer eigenen Publizistik (Seeling 1996). In der Zeitung erkennt Knies (1857, S. 49) die „vornehmste Erscheinung unseres Nachrichtenverkehrs", vernetzt durch Produktion und Konsumtion, durch Markt und Messe, durch Lager und Laden, mit der Annonce als wirtschaftliche Vermittlung. Knies (1857, S. 50 f.) hält das Inserat für den „Haupthebel der Koncurrenz", für einen „trefflichen Wegweiser zur Kenntnis wirthschaftlicher und culturgeschichtlicher Zustände und Entwicklungen". Zeitung und Anzeige hält er für Vorbedingungen der kapitalintensiven Großproduktion der Massenpresse (Koszyk 1966), die angesichts des Zurückweichens des Analphabetentums in Deutschland (Knies 1857, S. 54; Engelsing 1973) mehr und mehr Käufer und Leser findet (Rühl 2015, S. 65 ff.).

Albert Schäffle zählt zu den kühnen Entdeckern wirtschaftlicher, sozialer und kommunikativer Problembereiche. Der 19jährige Theologiestudent, wegen Beteiligung an der Badischen Revolution von 1848/1849 vom Tübinger Stift exmatrikuliert, arbeitet bis 1855 als „Auslandsredakteur" beim *Schwäbischen Merkur* in Stuttgart. Parallel dazu studiert Schäffle autodidaktisch die Schriften der Ökonomen Karl Heinrich Rau, Friedrich List und Bruno Hildebrand, auch die des

Staats- und Verfassungsrechtlers Johann Caspar Bluntschli. Schäffle wird promoviert, macht sich „einen gewissen Namen" und wird 1860 auf den Tübinger Lehrstuhl für Nationalökonomie, Politik, Staats- und Polizeiwissenschaft berufen. Von 1862–1865 ist er zudem Abgeordneter im württembergischen Landtag. Dann wechselt Schäffle an die Universität Wien. Vom 5. Februar bis zum 30. Oktober 1871 ist er k. u. k. Minister für Handel, Gewerbe und Ackerbau im Kabinett Graf Hohenwart – bis zu dessen Sturz.

Schäffle (1905, S. 73) kehrt nach Stuttgart zurück, fest entschlossen „zur staatswissenschaftlichen und publizistischen, nur nicht mehr zur journalistischen Arbeit zurückzugreifen". Er verfasst ein sozialwirtschaftliches Theorieprogramm (Schäffle 1873a). Das *Volk* wird als eine autarke, innerlich und äußerlich zusammenhängende, auf sich selbst bezogene Lebensgemeinschaft beschrieben; der *Staat* und seine Sozialräume (Ortschaften, Marken, Gaue, Landschaften) werden vom *Volkstum* geprägt (Schäffle 1875a, 1878). Die *Gesellschaft* sieht Schäffle als psychophysisches Gewebe, geformt durch Bewusstsein, Persuasion, Markt, öffentliche Meinung und Zivilisation. Die *Kommunikation* hält Schäffle für eine notwendige Bedingung zivilisatorischer Entwicklung. *Öffentliche Kommunikation* wird als psychisch-soziales Problemfeld konzipiert (Rühl 2016, S. 10 ff., 2015, S. 67 ff., 1999, S. 178 ff.). „Im Journalismus, im Versammlungswesen, an der Tribüne und Kanzel und an anderen Veranstaltungen der Publicität sehen wir ganz klar die Leitungsbahnen und Ausbreitungswege des ‚socialen Nervenstromes'" (Schäffle 1875a, S. 398).

Nach Schäffle (1885) verhalten sich Menschen rollenähnlich, abwechselnd als Absender und Empfänger. Jeder ist Teil unterschiedlicher *Bewusstseinskreise*. Soziale Probleme werden über den Modus Güter gesucht. *Nützliche Güter,* das sind Nahrung, Kleidung, Wohnung, auch „die Mittel der Production und Consumtion", die ihren Zweck im Wechsel des Besitzes beim Tauschen und Schenken haben. *Symbolische Darstellungsgüter* sind Mitteilungen und Kommunikation in den Ausprägungen Vortrag, Buch, Kunstwerk, schauspielerische Darstellung und Musikproduktion, die „allen ganz zu theil werden" können, da sie „zum Gemeineigenthum bestimmt" sind. Sie formen und gestalten die Gesellschaft und steigern die soziale Bestimmung der Menschen, während umgekehrt die Entwicklung der Gesellschaft von der Entwicklung der Symbolgüter abhängt (Schäffle 1873b).

Schäffle unterscheidet „physische Personen" in ihrer „individuell-anthropologischen" Bestimmung von „sociale[n] Selbstwesen (Personen im socialen Sinn)", die nie „als nackte physische Person", sondern „durch einen ärmlichen oder reichen Apparat äußerer Hilfsmittel, d. h. als Mittelpunkt irgendeiner complexeren Veranstaltung", als „social selbständige Einheiten" tätig werden können (Schäffle 1875b). In *Abriß der Soziologie* beschreibt Schäffle

(1906, S. 63, 129 ff., 173 ff.) für „den Volkskörper" eine *Personenlehre* und eine *Organisationenlehre*. Danach kommuniziert der Einzelne im sozialen Gesamtleben mit einer Vielzahl rollenähnlicher Konstruktionen (Nachbar, Mitarbeiter, Lebensgenosse), auf unzähligen Wegen, mit vielseitigen Gedanken, Gefühlen und willentlichen Entschlüssen, in Verbindung mit organisationsförmigen Gemeinschaften: Heeren, Schulen, Kirchen (Schäffle 1905, S. 123). *Öffentliche Kommunikation* habe mit Tauschwerten zu tun, nicht mit persönlichen Antriebsmomenten wie „Begeisterung für Kunst und Wissenschaft", „amtliches Pflichtbewusstsein" oder „Furcht vor Strafe".

Für Schäffle (1875a, S. 446) ist *Öffentlichkeit* ein sozial-psychisches Phänomen, „eine über alle gesetzgeberische Willkür erhabene socialpsychologische Naturnothwendigkeit", die der Lenkung durch eine übergeordnete Autorität bedarf. „Im engeren Sinn ist Öffentlichkeit eine Ausbreitung social wirksamer Ideen über die Grenzen jenes Kreises hinaus, welcher berufsmäßig die betreffende geistige Arbeit durchzuführen hat." Wird Öffentlichkeit als *Publikum* sozial konkretisiert (Hölscher 1978, S. 464), dann auf Straßen und Plätzen, wo eine gewisse *Resonanz* angezeigt wird (Schäffle 1875a, S. 451 f.). Als Aufzeichnungsverfahren kennt Schäffle (1873b, S. 32 f.) Typographie, Photographie und Stenographie, und er zerbricht sich den Kopf, wie verschriftlichte „geistige Schätze" bewahrt werden können, wenn technische und wirtschaftliche Fortschritte der Aufzeichnung ausbleiben.

Die *Tagespresse* ist für Schäffle die mächtigste Persuasionsinstanz der Gesellschaft – nicht wegen der Intellektualität und Kreativität der Journalisten, sondern wegen der organisierten Vermittlungsleistung zwischen Bevölkerung und Führern. Die aktive Autorität der Massenführung und die passive Autorität massenhafter Reaktionen, beide müssen in intellektuellen Zentren koordiniert werden (Schäffle 1875a, S. 433). Journalisten kommt als Rednern, Predigern oder Lehrern die Aufgabe eines Ideenaustausches zu. Den unmittelbaren Einfluss der Presse auf die wissenschaftliche Forschung hält Schäffle für unbedeutend, da von der Presse keine neuen Ideen ausgehen würden. Journalisten sind für ihn, mangels guter Bildung, nicht vertraut mit intellektueller Arbeit. Sie würden in den Tag hineinleben. Da die Presse die öffentliche Meinung zerstören, ändern oder neu bilden könne, ist sie für politische Parteien, Börsenspekulanten und für religiöse Propagandisten interessant. In der journalistischen Verberuflichung sieht Schäffle eine publizistische Neuerung (Lerg 1970, S. 109) des „Vervielfältigungsgewerbes" bzw. der „publicistisch gearteten Industrien". Korruption und Verfälschung durch Presseverlage könnten das Wohlbefinden der Gesellschaft stören. Schäffle empfiehlt eine *Pressereform* zur Befreiung der Presse vom Einfluss der Werbung. Er kann sich vorstellen, dass Gewinne aus dem Verkauf der Presseprodukte unter Schreibern und Redakteuren aufgeteilt werden. Den Sozialwissenschaften stellt

Schäffle die Aufgabe, der Degeneration des Journalismus auf die Spur zu kommen, damit die Korruption der *öffentlichen Meinung* beendet werden kann (Hardt 1979, S. 65 ff.).

Noch ist **Karl Bücher** (1874) Gymnasiallehrer, als er die historische Studie *Die Aufstände der unfreien Arbeiter 143–129 v. Chr.* veröffentlicht. Für Bücher (1981, S. 10 f.) war es damals beschlossene Sache, „daß ich künftig neben der Schule meine Kräfte ganz der Volkswirtschaftslehre widmen" werde. Er wird Mitglied im *Verein für Socialpolitik,* wo er Schäffle kennenlernt. Bücher (1981, S. 3, 6) schreibt gelegentlich für die *Frankfurter Zeitung,* deren Eigentümer und Herausgeber, Leopold Sonnemann, es nach mehreren vergeblichen Anläufen gelingt, Bücher als Redakteur für Wirtschafts- und Sozialpolitik zu gewinnen. „Es gab viel Arbeit auf der Redaktion." Bücher (1981, S. 24) rechnete aus, dass er „vom 1. Oktober 1878 bis zum 31. Dezember 1880 nicht weniger als 325 solche Aufsätze verfasst" hat. Nach einem „Vertrauenskonflikt" mit dem Verleger verlässt Bücher die Zeitung.

Von Schäffle intellektuell und finanziell unterstützt, gelingt Bücher die Habilitation für Volkswirtschaftslehre und Statistik an der Universität München. Er übernimmt Professorenstellen in Dorpat (damals Russland), Basel und Karlsruhe, bevor er in Leipzig die Schwerpunkte seiner akademischen Karriere setzen kann. Als Emeritus gründet Bücher 1916 das erste Institut für Zeitungskunde und entwickelt einen Vorschlag für die Journalistenausbildung (Kutsch 2010). Weil Zeitungen im Alltag eine *Richterfunktion* ausüben würden, sollten alle mit einem öffentlichen Beruf während ihres Studiums die Möglichkeit haben, die gesellschaftlichen Funktionen der Presse kennenzulernen. Die *Presse* charakterisiert Bücher (1926, S. 242) als kapitalistisch geführte Nachrichtenfabrik, in der viele Menschen unter Erwerbsgesichtspunkten, zunehmend spezialisiert kooperieren. Ständiges Zeitunglesen führe zu einer kontinuierlichen Erziehung und Übung, wenngleich der Zeitaufwand nicht geringgeschätzt werden darf. Die Massenzirkulation und der marktförmige Wettbewerb der Presse würden eine enorme Vielfalt kultureller und sozialer Informationen in das gesellschaftliche Leben einbringen können, zur Förderung des Gemeinschaftserlebens (Bücher 1926, S. 57, 59). Für die wissenschaftliche Forschung sollten überall Zeitungsarchive und Zeitungssammlungen eingerichtet werden.

Die Hauptaufgabe des *Journalismus* besteht nach Bücher darin, alle Lebensbereiche zu thematisieren, gesellschaftliche Stimmungen zu vergegenwärtigen, und mit Ideen zu vergleichen. Von den Journalisten erwartet Bücher eine breite Allgemeinbildung, da ihre Arbeit in das kapitalistische System einbezogen sei. „Durchschlagend formulierte Meinungen" würden zu journalistischen Erfolgen führen; das Sensationelle dagegen führt zur intellektuellen Lethargie. Verschiedenartige

Publizistiktypen würden kein generalisierbares Qualifikationssystem ermöglichen. *Zeitungsreporter* und *Redakteure* könnten aus einem akademischen Studium keinen unmittelbaren Nutzen ziehen. *Qualitätsjournalisten* beobachtet Bücher in großen Zeitungen; die große Menge der Journalisten dagegen befinden sich in der Kleinstadtpresse. Chefredakteure kleiner Zeitungen könnten mitunter unabhängiger arbeiten als die großer Verlage und Konzerne.

Bücher (1916) kritisiert die *Anonymität* redaktioneller Beiträge. Er zitiert Schopenhauer (1920, S. § 280): „Ein Hundsfott, der sich nicht nennt!" Hinter der Anonymität im Journalismus vermutet Bücher Ungenauigkeit, Sorglosigkeit, ja Respektlosigkeit gegenüber den Lesern. Unter eigenem Namen zu veröffentlichen böte Journalisten die Chance, einen eigenen Leserkreis aufzubauen. Bücher analysiert zahlreiche Einzelprobleme: Abonnement, Werberaten, Auflagenentwicklung, Postzeitungsdienst, Vertrieb, Standortfragen, Eisenbahnverkehr, Buchbesprechungen, Intelligenzwesen, Krieg, Parteien, Wirtschaftsverbände, die Weiterentwicklung von Telegraph und Telephon. Er gutachtet über *den deutsche Buchhandel und die Wissenschaft* (Bücher 1903a) sowie über *Großstädte in Gegenwart und Zukunft* (Bücher 1903b). In der *Migration* vermutet Bücher den Schlüssel zur Erklärung sozialer, ökonomischer und kultureller Geschichte.

Beim Studium der *Reklame* erinnert Bücher an den fünfunddreißigsten *Essai* Michel de Montaignes (1998), der, einen Vorschlag seines Vaters folgend, eine allgemein zugängliche Tauschstelle in Erwägung zieht. Eine erste Verwirklichung dieser Idee erkennt Bücher in Théophraste Renaudots *Bureau d'adresse*. Über Reklame zu lamentieren hält Bücher (1917, S. 237) für unproduktiv. „Impotentes Aesthetentum hat uns dann noch gesagt, sie (die Reklame, MR) sei eklig, widerwärtig und verdiene ausgerottet zu werden. Mit solchen Dingen beschäftigt sich eine Wissenschaft höheren Stiles nicht." Bücher erinnert, dass vor dem Ersten Weltkrieg das Auswärtige Amt die Konsuln und Handelsattachés veranlasst hat, in Europa, Nord- und Mittelamerika, in Teilen Asiens und Afrikas über *die Reklame im Ausland* zu berichten. Aus seiner Sicht sorgt die Reklame dafür, die soziale Kommunikation durch die Presse nach Umfang und Vielfalt zu erhalten (Bücher 1926, S. 61). Damit könnten die Verbraucher über das Unternehmertum und über den ökonomischen Fortschritt informiert werden, ohne Missverhältnisse entstehen zu lassen zwischen dem gemeinwohlorientierten redaktionellen Teil und dem auf Partikularinteressen ausgerichteten Reklameteil. Bücher befürwortet, den Pressevertrieb analog zur Eisenbahn zu *nationalisieren,* und die Anzeigenblätter zu *kommunalisieren.* Er kritisiert redaktionell versteckte Reklame und Monopoltendenzen in Telephonie, Übertragungsdiensten, Korrespondenzen und Pressestellen.

Bücher (1926, S. 243) unterscheidet zwischen *Propaganda* und *Werbung:* „Die Propaganda will Nachfolger für eine Idee oder eine Institution gewinnen, schließt dagegen Anstrengungen nach materiellen Gütern aus. Die Werbung andererseits dient stets der Gewinnung von Kunden durch Gewinnzunahme." Bücher (1915, S. 13) attackiert die heimliche Propaganda der Nachrichtenagenturen. Sie könne mittelfristig gefährlicher wirken als die Ereignisse auf dem Schlachtfeld. Die Propaganda berge die Gefahr, dass heranwachsende Generationen alles ausprobieren und nichts vergnüglich genießen könnten, mit einer allgemeinen intellektuellen Lethargie als Folge (Bücher 1926, S. 57).

Schlüsselbegriffe und Schlüsseltheorien der Kommunikationswissenschaft haben je eigene Begriffs- und Theoriegeschichten. Systemtheoretisch gesteuerte kommunikationswissenschaftliche Überlegungen finden in der Journalistik (Löffelholz und Rothenberger 2016) und in der Öffentlichkeitsforschung (Hoffjann und Arlt 2015) viel Anklang. Nach der Polarisierung der sozialwissenschaftlichen Rationalitätsdiskussion durch Anhänger des *Kritischen Rationalismus* und der *Kritischen Theorie* im „Positivismusstreit" (Adorno et al. 1972), emergiert die *Systemrationalität* als sozialwissenschaftliches Prinzip (Rühl 1980, S. 135 ff.). Das systemrationale Nachdenken über Kommunikationsprobleme wird seit der „Habermas und Luhmann-Kontroverse" (1971) intensiv diskutiert. Der Begriff *Welt* wird als sozialwissenschaftlicher Grundbegriff wiederentdeckt (Braun 1992, S. 438), sozialrational umgebaut (Rühl 1980, S. 166 ff.) und auf die Schlüsselbegriffe *Weltgesellschaft, Weltkommunikation* und *Weltöffentlichkeit(en)* bezogen. Mit *Schlüsseltheorien* sind Perspektiven gemeint, aus denen über kommunikationswissenschaftliche Probleme gesprochen werden kann, ohne wesensontologisch vorzuschreiben, was Kommunikation *ist*.

3.1 Funktional-vergleichende System/Mitwelt-Theorie

Werden in der Kommunikationswissenschaft Systemtheorien als Innovation diskutiert (Wendelin 2008), dann sollte eine zeitungswissenschaftliche Version, zu Vergleichszwecken, nicht unberücksichtigt bleiben. Groth (1960) konzipiert *Zeitung* idealtypisch als ein Formalobjekt, in das alle möglichen realen Zeitungen als Materialobjekte hineinverlagert werden können, und er denkt *System* als ein

© Springer Fachmedien Wiesbaden GmbH, ein Teil von Springer Nature 2018   21
M. Rühl, *Kommunikationswissenschaft,* essentials,
https://doi.org/10.1007/978-3-658-22482-0_3

aus Teilen zusammengesetztes, innenorientiertes Ganzes, ohne gesellschaftliches Außen (Rühl 1969, S. 29 ff.). Seit den 1940er Jahren werden Kommunikations-systemtheorien multidisziplinär reflektiert (Ruesch und Bateson 1968), teils in Verbindung mit der *Allgemeinen Systemtheorie* (Bertallanfy 1968), teils mit der *Handlungssystemtheorie* (Parsons 1951), methodisch in Beziehungen zum *teleologischen Funktionalismus* (Merton 1957, S. 19 ff.).

Für Luhmann (1992, S. 714) gilt grundsätzlich: „Wissenschaft ist nicht Entdeckung, sondern Konstruktion". Mit System/Mitwelt-Unterscheidungen seiner *Kommunikationssystemtheorie* werden die traditionell verdinglichten Orientierungen (Gegenstand, Gegenstandsarten) durch *Problemstellungen* ersetzt (Luhmann 1984). Anhand *sozialer Gedächtnisse* (Archive, Bibliotheken, Museen) wird bewahrtes Kommunikationswissen *lesender Gesellschaften* (Assmann 1994) durch *pychische Gedächtnisse* der *Kommunikationskommunität* wissensfördernd re-produziert und re-kontrolliert, gesteuert vom *Wissenschafts-Code wahr/unwahr* (Luhmann 1992). Die *Funktion,* die das Sozialsystem *Kommunikationswissenschaft* von Mitwelten unterscheidet (nicht trennt!), ist *das Erneuern bewahrten Kommunikationswissens [the renewal of preserved communication knowledge]* (Rühl 1999, 2004, 2006).

3.2   Weltgesellschaft

Die Theorie der Kommunikationswissenschaft operiert vor dem Hintergrund einer zu selektierenden Ereignishaftigkeit der Weltgesellschaft, in der Absicht, unwahrscheinliche in wahrscheinliche Kommunikation zu transformieren (Luhmann 1984, S. 216 ff., 219 ff.). Ältere Gesellschaftstheorien unterscheiden Stände, Kasten, Schichten und Klassen. *Weltgesellschaft* ist eine Idee des europäischen 18. Jahrhunderts (Stichweh 2000, S. 7). Der damit verbundene Begriff *Welt* wird in seiner semantischen Tradition von Schäffle (1875a) als „fortschreitende Zusammenfassung der menschheitlichen Zivilisation aller Völker in einem Gesellschaftskörper" beschrieben. Diversen UNESCO-Bemühungen um eine Welt-Kommunikationsordnung (Rühl 1984), ist es nicht gelungen, Kommunikation in sachlichen, sozialen und historischen Dimensionen zu diskutieren.

An einer Theorie der Weltgesellschaft als jenes Kommunikationssystem, das alle anderen Kommunikationssysteme in sich einschließt, hat Luhmann (1997) dreißig Jahre lang konsequent gearbeitet. Funktionen versetzen Kommunikationssysteme in die Lage, eigene *Strukturen* auf unterschiedlichen Ebenen auf- und auszubauen. Da gibt es auf der Mikroebene *einfache Kommunikationssysteme* (Konversationen, Telephonate, stillende Mütter), auf der Mesoebene *organisierte*

Kommunikationssysteme (Unternehmen, Parlamente, Redaktionen, Krankenhäuser, Fußballspiele), und auf der Makroebene *gesellschaftliche Funktionssysteme*: Publizistik (Rühl 2016), Politik, Wirtschaft oder Wissenschaft Erziehung. „Erst wenn Sinngrenzen die Differenz von System und Umwelt verfügbar halten, kann es *Welt* geben" (Luhmann 1984, S. 283, H. i. O.). Kommunikationssysteme organisieren sich selbstbeobachtend und selbstbeschreibend, in Abgrenzung von Mitwelten. Nach heutigen Erkenntnissen gibt es außerhalb der Weltgesellschaft keine menschlichen Kommunikationen.

3.3 Weltkommunikation

Das wissenschaftliche Nachvollziehen von Kommunikation als einem Sachverhalt eigener Art, setzt ein Bescheidwissen über abendländische Geschichte voraus. Mit der Erfindung des Buchdrucks und dem neuartigen Umgang mit der Ereignishaftigkeit der Welt, verändert sich das Weltverstehen radikal. Operiert die Psychologie mit psychischen Systemen auf der Basis von Bewusstsein und die Soziologie mit sozialen Systemen auf der Basis von Kommunikation, dann können Sozialsysteme nicht denken und Bewusstseinssysteme nicht kommunizieren. „Wir haben ein nicht mehr integrierbares Wissen über psychische und soziale Systeme" (Luhmann 1995, S. 113). Kommunikationssysteme kommen durch Synthesen mehrerer Selektionen zustande: durch sinnmachende Informationen, entnommen sozialen Gedächtnissen, durch thematisierte Mitteilungen dieser Informationen, zum Verstehen oder zum Missverstehen (Luhmann 1995, S. 115), einschließlich dem organisierten Schweigen und Reden (Filipovic 2014). Zum Kommunizieren gehören mindestens sechs Kommunikationskomponenten:

1. *Themen* [themes, issues, topics] sind Leitgesichtspunkte für die Kommunikation, durch die Beteiligte wissen können, wovon die Rede ist (Rühl 1980, S. 323 ff.). Themen eröffnen und begrenzen einzelne Kommunikationsphasen, sodass wahrgenommen werden kann, ob zum Thema gesprochen wird, oder ob das Thema gewechselt wurde. Redaktionen operieren mit journalismusspezifischen Themenfeldern. Lässt eine Redaktion übliche Themen aus, dann lässt sie diese nicht einfach fallen, sondern neutralisiert sie. Sie können später wieder aufgenommen werden (Dernbach 2000), in variierenden Genres und Stilen.

2. *Sinn* [meaning] steht für das Gemeinte, das Gewusste (Luhmann 1971b) und kann als kulturelles Potential der Gesellschaft in *sozialen* Gedächtnissen (Bibliotheken, Archiven, Museen) durch gesellschaftlich konsentierte Symbolordnungen (Alphabete, Stil-Epochen) bewahrt und verfügbar gemacht

werden, zur Bearbeitung von Kommunikation durch *psychische* Gedächtnisse. Zur Wandelbarkeit von Sinn gibt es viele unterschiedliche *Schematisierungen:* Allegorien, Bilder, Codes, Frames, Images, Medien, Metaphern, Modelle, Sprichwörter, Stereotype oder Vorurteile. Vergleiche von Sinn mit Wissen, Kenntnissen [knowhow], Fähigkeiten, Erinnerungen und Erkenntnissen [knowledge] bleiben graduell unsicher. Psychisch bewahrte Sinnzusammenhänge „im eigenen Kopf", sind nicht zu kontrollieren – wie jeder nach einer mündlichen Prüfung weiß.

3. *Informationen* stehen für das Neue, das Überraschende. Informationen setzen Sinn als Repertoire an Möglichkeiten voraus. Informationen können an unterschiedlichen Sinnzusammenhängen anschließen, an Nachrichten, Gedichten, Betriebsanleitungen, Romanen usw.

4. *Mitteilungen* [messages] sind Selektionsvorschläge, die zur Weiterkommunikation anregen. Mitteilungen sind keine fertigen Botschaften mit gleichbleibendem Sinn, die nur noch zu übertragen bzw. zu vermitteln sind. Mitteilungen können sprachlich, bildlich und/oder tonal in Variation geäußert werden. Sinnmachend-informativ bleiben sie immer vorläufig.

5. Menschliche Kommunikation operiert mit mehreren Gedächtnisformen. *Psychische Gedächtnisse* können individuell Erlerntes und Erlebtes erinnern (und vergessen). *Soziale Gedächtnisse* (Bibliotheken, Archive, Museen) bewahren, ordnen und pflegen weltgesellschaftliche Kommunikationskulturen. *Elektronische Gedächtnisse* (Festplatten, DVD) können Kommunikationskulturen aufzeichnen, sodass sie Bestand haben. Dergestalt wird Erinnern vervielfacht und kompliziert und kann offenkundig machen, „was in ihnen steckt".

6. *Verstehen* ist das Moment der erfolgreichen Synthese von Themen, Informationen, Sinn und Mitteilungen, in Interrelation zu Gedächtnissen. Verstehen setzt Erfolgserwartungen voraus.

Keine dieser Kommunikationskomponenten kann alleinstehend verwirklicht werden. Erst ihr gegenseitiges Bewirken als Einheit in Differenz macht menschliche Kommunikation möglich, mit externen Lebens- und Bewusstseinssystemen. Weltkommunikation ist ein eigenständiger, autonomer, selbstreferentiell-geschlossener Vorgang des Prozessierens kommunikativer Selektionen.

3.4 Weltöffentlichkeit

Der soziohistorische Begriff *Öffentlichkeit* erfährt im deutschen Sprachraum als *repräsentative Öffentlichkeit* der europäischen Adelsgesellschaft besondere Aufmerksamkeit (Habermas 1990, S. 58 ff.). *Öffentlichkeit, Publikum* und *öffentliche*

Meinung werden Leitbegriffe für die Aufklärung. Sie stehen in semantisch-gesellschaftlichen Interdependenzen zu Verfassungen, zur demokratischen Politik, zu Marktwirtschaft, Grundwerten, Rechts- und Sozialstaat. Es sind Differenzierungen und Transformationen von Staat, Gesellschaft, Politik, Wirtschaft und Publizistik, in Relation zu denen eine Diskussion über unterschiedliche Öffentlichkeiten erst Sinn macht. So aktualisieren *publizistische Öffentlichkeiten* eine symbolisch-sinnhaft vortypisierte Themenwelt, mit der und über die jeder Teilnehmende räsonieren kann, werden kollektive Meinungen und Urteile für jeden hinreichend transparent und verständlich.

Historische Formen und Varianten von Öffentlichkeit lassen diverse, meist schwache sachliche, soziale und zeitliche Dimensionen erkennen. Nach den Adelsgesellschaften emergierten in Europa *bürgerliche Gesellschaften* mit eigenen, wenn auch strukturdiffusen *Öffentlichkeiten* (Koselleck 1973; Hölscher 1979; Jäger 1997), eigenen sozialen Mitwelten und Sozialformen. Anders als bei Hofe werden für das Bürgertum in nichtalltäglichen Räumen, gegen Entgelt, Theater gespielt, Konzerte gegeben, wechselnde Ausstellungen präsentiert und Bibliotheken allgemein zugänglich gemacht (Hölscher 1978, S. 431 f.). Zeitungen, Zeitschriften und Bücher verfügen nunmehr über ein Dauerpublikum, das sich mit den darin abgehandelten Problemen so oder so identifiziert. Sitten, Gebräuche und Essensgewohnheiten Fremder werden öffentlich vorgelebt, in der Publizistik politisch und ästhetisch diskutiert und kritisiert, um dadurch künftig mehr *öffentliche Resonanz* auszulösen. „Öffentlichkeit und öffentliche Meinung gibt es nur als historisch erfahrene und künftig erwartbare Konzeptionen, die zu bestimmten sozialen, politischen, wirtschaftlichen und anderen Zusammenhängen, kurz: zu besonderen Gesellschaften ins Verhältnis zu setzen sind" (Ronneberger und Rühl 1992, S. 193).

Wird heute in der Kommunikationswissenschaft über *Öffentlichkeit als Funktionssystem* diskutiert (Hoffjann und Arlt 2015), dann scheint offen zu bleiben, wie sich in Relation zu *Weltgesellschaft* und *Weltkommunikation* (Stichweh 2000, 2005) ein Innen der Öffentlichkeit von einem sozialen Außen unterscheidet. Zur Minderung von Risiken und Gefahren in der Öffentlichkeit werden abgestufte Normierungen des Rechts, der Moral, des Vertrauens und der Konventionen eingeführt und mehr oder weniger gepflegt. In Verfassungsgesellschaften werden besondere Freiheiten (Rede-, Meinungsäußerungs-, Presse-, Mobilitäts-, Religions- und Versammlungsfreiheit) garantiert. Auch in Öffentlichkeiten schwingt ein ungenaues Wissen mit, heute in besonderem Maße im weltweiten Gebrauch (und Missbrauch) sogenannter „sozialer Medien".

Selbstbeschreibung der Kommunikationswissenschaft   4

Als autonome sozialwissenschaftliche Disziplin der Weltgesellschaft fördert die Kommunikationswissenschaft grundlegendes, anzuwendendes und selbstkontrollierendes Wissen über sachlich, sozial und zeitlich dimensionierte Kommunikationssysteme. Aussagen über kommunikationswissenschaftliche Beziehungen bleiben Allgemeinplätze, solange es nicht gelingt, die Kommunikationskomponenten Sinn, Information, Thema, Mitteilung, Gedächtnis und Verstehen gesellschaftshistorisch zu differenzieren und aktuell zu rekombinieren. Mit der funktional-vergleichenden System/Mitwelt-Theorie als universaltheoretischer Erkenntnishilfe, sind die kommunikationswissenschaftlichen Schlüsseltheorien Weltgesellschaft, Weltkommunikation und Weltöffentlichkeit vorläufig zu stabilisieren.

Was der gegenwärtigen kommunikationswissenschaftlichen Forschung fehlt sind systemrational begründete Methodentheorien. Insofern fällt es Kommuni kationswissenschaftlern schwer, anderen zu erklären, was sie (oder die anderen) getan haben oder tun können. Vernunftrationale Forschungen hinterlassen Erkenntnishindernisse, die ungeeignet sind für systemrationale Erneuerungsprozesse. „Man erkennt *gegen* ein früheres Wissen, indem man schlecht gegründete Erkenntnisse zerstört" (Bachelard 1978, S. 46, H. i. O.), wobei die *Aufräumarbeit* [mop-up work] (Kuhn 1973, S. 45) für Kommunikationswissenschaftler eine faszinierende Herausforderung sein kann.

© Springer Fachmedien Wiesbaden GmbH, ein Teil von Springer Nature 2018   27
M. Rühl, *Kommunikationswissenschaft*, essentials,
https://doi.org/10.1007/978-3-658-22482-0_4

Was Sie aus diesem *essential* mitnehmen können

- Eine system/mitwelt-rationale Konzeption kommunikationswissenschaftlichen Theoretisierens, die an langfristigen, gut institutionalisierten Forschungsarbeiten anschließt.
- Wird mit einer System/Mitwelt-Theorie Kommunikation durch Kommunikation erzeugt, kontrolliert und erneuert, dann ist die Idee aufzugeben: Bei Kommunikation handelt es sich um Übertragungen von Zeichen, Nachrichten, Informationen, Signalen, Bewirkungen oder sonstigen Etwassen.
- Kommunikationswissenschaftlich unbrauchbar ist 1) die Idee, Kommunikation durch Handeln oder Verhalten ersetzen zu wollen; 2) die Vorstellung, Kommunikationssysteme könnten durch idealisierte Subjekte (journalistische Heroen, publizistische Persönlichkeiten) substituiert werden; 3) die Verkürzung, Kommunikation sucht nur Verständigung, nicht auch Streit (etwa vor Gericht).

© Springer Fachmedien Wiesbaden GmbH, ein Teil von Springer Nature 2018   29
M. Rühl, *Kommunikationswissenschaft*, essentials,
https://doi.org/10.1007/978-3-658-22482-0

Literatur

Aristoteles. 1979. *Nikomachische Ethik.* (Übers. u. komment. v. Franz Dirlmeier). Darmstadt: WBG.

Assmann, Jan. 1994. Lesende und nichtlesende Gesellschaften. Zur Entwicklung der Notation von Gedächtnisinhalten. *Forschung und Lehre* 1:28–31.

Austin, Michel, und Pierre Vidal-Naquet. 1984. *Gesellschaft und Wirtschaft im alten Griechenland.* München: Beck.

Averbeck, Stefanie. 1999. *Kommunikation als Prozess. Soziologische Perspektiven in der Zeitungswissenschaft 1927–1934.* Münster: Lit.

Bachelard, Gaston. 1978. *Die Bildung des wissenschaftlichen Geistes. Beitrag zur Psychoanalyse der objektiven Erkenntnis.* Frankfurt a. M.: Suhrkamp (Erstveröffentlichung 1938).

Baumhauer, Otto A. 1986. *Die sophistische Rhetorik. Eine Theorie sprachlicher Kommunikation.* Stuttgart: Metzler.

Berelson, Bernard. 1959. The state of communication research. *Public Opinion Quarterly* 23:1–6.

Berlo, David K. 1960. *The process of communication. An introduction to theory and practice.* New York: Holt, Rinehart & Winston.

Bertalanffy, Ludwig von. 1968. *General systems theory. Foundations, development, applications.* New York: Braziller.

Bloch, Ernst. 1968. *Christian Thomasius, ein deutscher Gelehrter ohne Misere,* 2. Aufl. Frankfurt a. M.: Suhrkamp.

Blumenberg, Hans. 1981. *Die Lesbarkeit der Welt.* Frankfurt a. M.: Suhrkamp.

Bohrmann, Hans. 1997. Zur Geschichte des Faches Kommunikationswissenschaft seit 1945. In *Massenkommunikation. Ergebnisse und Perspektiven,* Hrsg. Hermann Fünfgeld und Claudia Mast, 51–67. Opladen: WV.

Braun, Hermann. 1992. Welt. *Geschichtliche Grundbegriffe.* Bd. 7, 433–510. Stuttgart: Klett Cotta.

Bücher, Karl. 1874. *Die Aufstände der unfreien Arbeiter: 143–129 v. Chr.* Frankfurt a. M.: Sauerländers.

Bücher, Karl. 1903a. *Der deutsche Buchhandel und die Wissenschaft. Denkschrift im Auftrage des Akademischen Schutzvereins.* Leipzig: Teubner.

© Springer Fachmedien Wiesbaden GmbH, ein Teil von Springer Nature 2018   31
M. Rühl, *Kommunikationswissenschaft,* essentials,
https://doi.org/10.1007/978-3-658-22482-0

Bücher, Karl. 1903b. *Die Großstädte in Gegenwart und Vergangenheit. Jahrbuch der Gehe-Stiftung zu Dresden: Die Großstadt*. Bd. IX, 1–32. Dresden: Zahn & Jaensch.

Bücher, Karl. 1915. *Unsere Sache und die Tagespresse*. Tübingen: Mohr (Siebeck).

Bücher, Karl. 1916. Die Anonymität in der Presse. *Zeitschrift für die gesamte Staatswissenschaft* 72:289–327.

Bücher, Karl. 1917. Die wirtschaftliche Reklame. *Zeitschrift für die gesamte Staatswissenschaft* 73:461–483. (Nachdruck. 1926. Die Reklame. *Gesammelte Aufsätze zur Zeitungskunde*, 235–268. Tübingen: Laupp).

Bücher, Karl. 1981. *Auswahl der publizistikwissenschaftlichen Schriften*. Hrsg. Heinz-Dietrich Fischer und Horst Minte. Bochum: Brockmeyer.

Burke, Kenneth. 1965. *Permanence and change. An anatomy of purpose*. With an introduction by Hugh Dalziel Duncan. 2. Aufl. Indianapolis: Bobbs-Merill.

Chaffee, Steven H., und Everett M. Rogers. Hrsg. 1997. Editor's forword. In Wilbur Schramm. *The beginnings of communication study in America. A personal memoir,* IX–XII. Thousand Oaks: Sage.

Conard, Nicholas J., und Claus-Joachim Kind. 2017. *Als der Mensch die Kunst erfand. Eiszeithöhlen der Schwäbischen Alb*. Darmstadt: Theiss.

Dernbach, Beatrice. 2000. Themen der Publizistik – Wie entsteht die Agenda öffentlicher Kommunikation? *Publizistik* 45:38–50.

Dexter, Lewis Anthony, und David Manning White. Hrsg. 1964. *People, society, and mass communications*. New York: The Free Press.

Dröge, Franz W., und Winfried B. Lerg. 1965. Kritik der Kommunikationswissenschaft. *Publizistik* 10:251–284.

Eisenstadt, Shmuel Noah. 1987. *Kulturen der Achsenzeit. Ihre Ursprünge und ihre Vielfalt. Teil 1: Griechenland, Israel, Mesopotamien; Teil 2: Spätantike, Indien, China, Islam*. Frankfurt a. M.: Suhrkamp.

Elias, Norbert. 1976. *Über den Prozeß der Zivilisation. Soziogenetische und psychogenetische Untersuchungen*. Bd. 2, 3. Aufl. Frankfurt a. M.: Suhrkamp (Erstveröffentlichung 1939).

Engelsing, Rolf. 1973. *Analphabetentum und Lektüre. Zur Sozialgeschichte des Lesens in Deutschland zwischen feudaler und industrieller Gesellschaft*. Stuttgart: Metzler.

Engelsing, Rolf. 1974. *Der Bürger als Leser. Lesergeschichte in Deutschland 1500–1800*. Stuttgart: Metzler.

Eulau, Heinz. 1968. The behavioral movement in political science.A personal note. *Social Research* 35:1–29.

Filipovic, Alexander. 2014. Das Kloster als Theoriegebäude. Manfred Rühls kommunikationswissenschaftliche Beschäftigung mit dem organisierten Reden und Schweigen. *Communicatio Sociales* 47:346–349.

Gerbner, George. 1955. Toward a general theory of communication. PhD Dissertation, University of Southern California.

Gerbner, George. 1960. Let's put the human element back in. *AV Communication Review* 8:50–58.

Gerbner, George. 1967. Mass media and human communication theory. In *Human communication theory*, Hrsg. Frank E.X. Dance, 40–60. New York: Harper & Row.

Gerbner, George. 1972. Communication and social environment. *Scientific American* 227 (3): 153–160.

Giesecke, Michael. 1991. *Der Buchdruck in der frühen Neuzeit. Eine historische Fallstudie über die Durchsetzung neuer Informations- und Kommunikationstechnologien.* Frankfurt a. M.: Suhrkamp.

Grimm, Dieter. 1988. *Deutsche Verfassungsgeschichte 1776–1866. Vom Beginn des modernen Verfassungsstaats bis zur Auflösung des Deutschen Bundes.* Frankfurt a. M.: Suhrkamp.

Groth, Otto. 1948. *Die Geschichte der deutschen Zeitungswissenschaft. Probleme und Methoden.* München: Weinmayer.

Groth, Otto. 1960. *Die unerkannte Kulturmacht. Grundlegung der Zeitungswissenschaft (Periodik)* Bd. 1. Berlin: de Gruyter.

Grotius, Hugo. 1950. *De jure belli ac pacis libri tres. Drei Bücher vom Recht des Krieges und des Friedens* (nebst einer Vorrede von Christian Thomasius zur ersten deutschen Ausgabe des Grotius vom Jahre 1707. Neuer dt. Text und Einl. v. Walter Schätzel). Tübingen: Mohr (Siebeck) (Erstveröffentlichung 1625).

Habermas, Jürgen. 1990. *Strukturwandel der Öffentlichkeit. Untersuchungen zu einer Kategorie der bürgerlichen Gesellschaft.* Frankfurt a. M.: Suhrkamp.

Hamilton, Alexander, James Madison und John Jay. 1993. *Die Federalist Papers.* (Übers., eingel. und mit Anm. versehen von Barbara Zehnpfennig). Darmstadt: WBG.

Hardt, Hanno. 1979. *Social theories of the press. Early German & American perspectives.* (Foreword by James W. Carey). Beverley Hills: Sage.

Havelock, Eric A. 1963. *Preface to Plato.* Cambridge: Harvard University Press.

Hegel, Georg Wilhelm Friedrich. 1995. *Grundlinien der Philosophie des Rechts.* 5. Aufl. Hamburg: Meiner (Erstveröffentlichung 1821).

Hegel, Georg Wilhelm Friedrich. 1998. *Phänomenologie des Geistes.* In Werke 3. Frankfurt a. M.: Suhrkamp (Erstveröffentlichung 1807).

Heuß, Theodor. 1954. *Schattenbeschwörung. Randfiguren der Geschichte.* Frankfurt a. M.: Fischer.

Hobbes, Thomas. 1968. *Leviathan.* Hrsg. C. B. MacPherson. Baltimore: Penguin (Erstveröffentlichung 1651).

Hoffjann, Olaf, und Hans-Jürgen Arlt. 2015. *Die nächste Öffentlichkeit. Theorieentwurf und Szenarien.* Wiesbaden: Springer VS.

Hügli, Anton. 1980a. Mitteilung, Mittelbarkeit, indirekte Mitteilung. *Historisches Wörterbuch der Philosophie.* Bd. 5, 1424–1431. Darmstadt: WBG.

Hügli, Anton. 1980b. Mittel. *Historisches Wörterbuch der Philosophie.* Bd. 5, 1431–1439. Darmstadt: WBG.

Hölscher, Lucian. 1978. Öffentlichkeit. *Geschichtliche Grundbegriffe.* Bd. 4, 413–467. Stuttgart: Klett-Cotta.

Jäger, Hans-Wolf, Hrsg. 1997. *„Öffentlichkeit" im 18. Jahrhundert.* Göttingen: Wallstein.

Kant, Immanuel. 1968a. *Kritik der reinen* Vernunft. Kant Werke. Bd. 3, 4. Darmstadt: WBG (Erstveröffentlichung 1787).

Kant, Immanuel. 1968b. *Über den Gemeinspruch: Das mag in der Theorie richtig sein, taugt aber nicht für die Praxis.* Kant Werke Bd. 9, 125–172. Darmstadt: WBG (Erstveröffentlichung 1793).

Kant, Immanuel. 1968c. *Grundlegung zur Metaphysik der Sitten.* Kant Werke. Bd. 6, 9–102. Darmstadt: WBG (Erstveröffentlichung 1786).

Kant, Immanuel. 1968d. *Beantwortung der Frage: Was ist Aufklärung?* Kant Werke. Bd. 9, 51–61. Darmstadt: WBG (Erstveröffentlichung 1784).

Kant, Immanuel. 1968e. *Zum ewigen Frieden. Ein philosophischer Entwurf.* Kant Werke. Bd. 9, 193–251. Darmstadt: WBG (Erstveröffentlichung 1796).

Kaufmann, Franz-Xaver, und Hans-Günter Krüsselberg. Hrsg. 1984. *Markt, Staat und Solidarität bei Adam Smith.* Frankfurt a. M.: Campus.

Kieslich, Günter. 1963. Die Wissenschaft von der Publizistik. Zur Entwicklung und gegenwärtigen Lage einer Universitätsdisziplin. In *Film und Fernsehen im Spiegel der Wissenschaft*, Hrsg. Erich Feldmann und Ernst Meier, 9–24. Gütersloh: Bertelsmann.

Knies, Karl. 1853. *Die Eisenbahnen und ihre Wirkungen.* Braunschweig: Schwetschke.

Knies, Karl. 1857. *Der Telegraph als Verkehrsmittel. Mit Erörterungen über den Nachrichtenverkehr überhaupt.* Tübingen: Laupp.

Koselleck, Reinhart. 1973. *Kritik und Krise. Eine Studie zur Pathogenese der bürgerlichen Welt.* 2. Aufl. Frankfurt a. M.: Suhrkamp (Erstveröffentlichung 1959).

Koszyk, Kurt. 1966. *Die deutsche Presse im 19. Jahrhundert.* Berlin: Colloquium.

Koszyk, Kurt. 1968. *Zur Funktion und Struktur der Publizistik. Zwei Beiträge.* Berlin: Spiess.

Koszyk, Kurt. 1972. *Vorläufer der Massenpresse. Ökonomie und Publizistik zwischen Reformation und Französischer Revolution. Öffentliche Kommunikation im Zeitalter des Feudalismus.* München: Goldmann.

Krippendorff, Klaus. 1996. A second-order cybernetics of otherness. *Systems Research* 13 (3): 311–328.

Krohn, Wolfgang. 1990. Einleitung. *Francis Bacon: Neues Organon.* (Lateinisch – deutsch. 2 Teilbände). Hamburg: Meiner (Erstveröffentlichung 1620).

Kuhn, Thomas S. 1973. *Die Struktur wissenschaftlicher Revolutionen.* Frankfurt a. M.: Suhrkamp (Erstveröffentlichung 1962).

Kutsch, Arnulf. 2010. Professionalisierung durch akademische Ausbildung. Zu Karl Büchers Konzeption für eine universitäre Journalistenausbildung. *Journalismus und Öffentlichkeit. Eine Profession und ihr gesellschaftlicher Auftrag.* Hrsg. Tobias Eberwein und Daniel Müller, 427–453. Wiesbaden: VS.

Lasswell, Harold D., und Abraham Kaplan. 1950. *Power and society. A framework for political inquiry.* New Haven: Yale University Press (Erstveröffentlichung 1962).

Lasswell, Harold D., Daniel Lerner, und Hans Speier. 1979–1980. *Propaganda and communication in world history.* 3 Bde. Honolulu: Hawaii University Press.

Lerg, Winfried B. 1970. *Das Gespräch.Theorie und Praxis der unvermittelten Kommunikation.* Düsseldorf: Bertelsmann Universitätsverlag.

Lerg, Winfried B., Hrsg. 1999. *Deutschsprachige Kolonialpublizistik am Vorabend der Amerikanischen Revolution. Fünf Beiträge zur Funktion deutscher Drucker und ihrer Periodika.* Münster: Lit.

Lindemann, Margot. 1969. *Deutsche Presse bis 1815. Geschichte der deutschen Presse, Teil I.* Berlin: Colloquium.

Löffelholz, Martin, und Liane Rothenberger. Hrsg. 2016. *Handbuch Journalismustheorien.* Wiesbaden: Springer VS.

Löffler, Franz Adam. 1837. *Ueber die Gesetzgebung der Presse. Ein Versuch zur Lösung ihrer Aufgabe auf wissenschaftlichem Wege. Erster Theil.* Leipzig: Brockhaus.

Luhmann, Niklas. 1970. *Funktionale Methode und Systemtheorie.* Soziologische Aufklärung, 31–53. Köln: Opladen: WV.

Luhmann, Niklas. 1971a. Moderne Systemtheorien als Form gesamtgesellschaftlicher Analyse. In *Theorie der Gesellschaft oder Sozialtechnologie – Was leistet die Systemforschung?* Hrsg. Jürgen Habermas und Niklas Luhmann, 7–24. Frankfurt a. M.: Suhrkamp.

Luhmann, Niklas. 1971b. Sinn als Grundbegriff der Soziologie. In *Theorie der Gesellschaft oder Sozialtechnologie – Was leistet die Systemforschung?* Hrsg. Jürgen Habermas und Niklas Luhmann, 25–100. Frankfurt a. M.: Suhrkamp.

Luhmann, Niklas. 1975. *Die Weltgesellschaft.* Soziologische Aufklärung 2. Aufsätze zur Theorie der Gesellschaft, 51–71. Opladen: WV.

Luhmann, Niklas. 1981. *Die Unwahrscheinlichkeit der Kommunikation.* Soziologische Aufklärung 3. Soziales System, Gesellschaft, Organisation, 25–34. Opladen: WV.

Luhmann, Niklas. 1984. *Soziale Systeme.Grundriss einer allgemeinen Theorie.* Frankfurt a. M.: Suhrkamp.

Luhmann, Niklas. 1992. *Die Wissenschaft der Gesellschaft.* Frankfurt a. M.: Suhrkamp.

Luhmann, Niklas. 1995. *Was ist Kommunikation?* Soziologische Aufklärung 6. Die Soziologie und der Mensch, 113–124. Opladen: WV (Engl. 1992. What is communication? *Communication Theory* 2: 251–259).

Luhmann, Niklas. 1997. *Die Gesellschaft der Gesellschaft.* 2 Bde. Frankfurt a. M.: Suhrkamp.

Maletzke, Gerhard. 1967. *Publizistikwissenschaft zwischen Geistes- und Sozialwissenschaft. Zum Standort der Wissenschaft von der öffentlichen Kommunikation.* Berlin: Spiess.

Mehling, Gabriele, Hrsg. 2015. *Propädeutik für Studierende der Kommunikationswissenschaft.* Bamberg: University of Bamberg Press.

Merten, Klaus. 1977. *Kommunikation. Eine Begriffs- und Prozeßanalyse.* Opladen: WV.

Merton, Robert K. 1957. Manifest and latent functions. In *Social theory and social structure*, 19–84. 2. Aufl. Glencoe: Free Press.

Meyen, Michael, und Maria Löblich. 2006. *Klassiker der Kommunikationswissenschaft. Fach- und Theoriegeschichte in Deutschland*, 73–88. Konstanz: UVK.

Meyen, Michael, und Maria Löblich. 2007. *„Ich habe dieses Fach erfunden". Wie die Kommunikationswissenschaft an die deutschsprachigen Universitäten kam. 19. biografische Interviews*, 73–88. Köln: von Halem.

Montaigne, Michel de. 1998. *Essais. Erste moderne Gesamtübersetzung von Hans Stilett*, 73–88. Frankfurt a. M.: Eichborn (Erstveröffentlichung 1580).

Parsons, Talcott. 1951. *The social system.* New York: Collier-Macmillan.

Prakke, Henk. 1963. *Zur Frage der Ur-Publizistik*, 137–144. Festschrift für Hanns Braun. Bremen: Heye & Co.

Prutz, Robert E. 1971. *Geschichte des deutschen Journalismus.* Erster Teil. Faksimiledruck nach der 1. Aufl. von 1845. Mit einem Nachwort von Hans Joachim Kreutzer. Göttingen: Vandenhoeck & Ruprecht.

Riedel, Manfred. 1990. System, Struktur. *Geschichtliche Grundbegriffe.* Bd. 4, 285–322. Stuttgart: Klett-Cotta.

Rogers, Everett M. 1994. *A history of communication study. A biographical approach.* New York: Free Press.

Ronneberger, Franz. 1970. *Was Kommunikationsforschung mit Politik zu tun hat.* Deutsche Gesellschaft für Publizistik- und Zeitungswissenschaft. Hrsg. Publizistik – Zeitungswissenschaft – Communication Research – Journalism. Dokumentation, dt. und engl., 60–67. Konstanz: UVK.

Ronneberger, Franz. 1971. Sozialisation durch Massenkommunikation. In *Sozialisation durch Massenkommunikation*, 32–101. Stuttgart: Enke.

Ronneberger, Franz. 1978–1986. *Kommunikationspolitik*. 3 Bde. Mainz: v. Hase & Koehler.

Ronneberger, Franz. 2015. Theorie der Kommunikationspolitik. In *Kommunikationstheorien. Ein Textbuch zur Einführung*. 8. Aufl., Hrsg. Roland Burkart und Walter Hömberg, 220–233. Wien: nap new academic press.

Ronneberger, Franz, und Manfred Rühl. 1992. *Theorie der Public Relations. Ein Entwurf*. Opladen: WV.

Ruesch, Jurgen, und Gregory Bateson. 1968. *Communication. The social matrix of psychiatry*. New York: Norton (Erstveröffentlichung 1951).

Rühl, Manfred. 1969a. *Die Zeitungsredaktion als organisiertes soziales System*. Bielefeld: Bertelsmann Universitätsverlag. 2. Aufl. 1979. Freiburg (Schweiz): Universitätsverlag.

Rühl, Manfred. 1969b. Systemdenken und Kommunikationswissenschaft. *Publizistik* 14:185–206.

Rühl, Manfred. 1980. *Journalismus und Gesellschaft. Bestandsaufnahme und Theorieentwurf*. Mainz: v. Hase & Koehler.

Rühl, Manfred. 1984. Die Welt als neugeordnetes Kommunikationssystem? Thesen zur Realisierbarkeit eines kommunikationspolitischen Ordnungsprogramms. *Publizistik* 29:211–221.

Rühl, Manfred. 1986. Ordnungspolitische Probleme eines künftigen Rundfunks in der Bundesrepublik Deutschland. In *Zukunftsaspekte des Rundfunks*, Hrsg. Florian H. Fleck, 77–101. Stuttgart: Kohlhammer.

Rühl, Manfred. 1989. Organisatorischer Journalismus. Tendenzen der Redaktionsforschung. In *Massenkommunikation. Theorien, Methoden, Befunde*, Hrsg. Max Kaase und Winfried Schulz, 252–269. Opladen: WV.

Rühl, Manfred. 1999. *Publizieren. Eine Sinngeschichte der öffentlichen Kommunikation*. Opladen: WV.

Rühl, Manfred. 2004. Ist eine Allgemeine Kommunikationswissenschaft möglich? Eine Autopolemik. *Medien und Kommunikationswissenschaft* 52:173–192.

Rühl, Manfred. 2006. Globalisierung der Kommunikationswissenschaft. Denkprämissen – Schlüsselbegriffe – Theorietendenzen. *Publizistik* 51:349–369.

Rühl, Manfred. 2008a. *Kommunikationskulturen der Weltgesellschaft. Theorie der Kommunikationswissenschaft*. Wiesbaden: VS.

Rühl, Manfred. 2008b. Public relations methodology: Should we bother (if it exists)? In *Public relations metrics: Research and evaluation*, Hrsg. Betteke van Ruler, Ana Tkalac Verčič und Dejan Verčič, 21–35. New York: Routledge.

Rühl, Manfred. 2011. *Journalistik und Journalismen im Wandel. Eine kommunikationswissenschaftliche Perspektive*. Wiesbaden: VS.

Rühl, Manfred. 2015. *Journalismus und Public Relations.Theoriegeschichte zweier weltgesellschaftlicher Errungenschaften*. Wiesbaden: VS.

Rühl, Manfred. 2016. *Publizistikwissenschaft erneuern. Was wir über öffentliche Kommunikation wissen und was wir wissen können*. Wiesbaden: VS.

Rühl, Manfred, und Beatrice Dernbach. 1996. Public Relations – soziale Randständigkeit – organisatorisches Helfen. Herkunft und Wandel der Öffentlichkeitsarbeit für sozial Randständige. *PR Magazin* 27 (11): 43–50.

Saner, H[ans]. 1976. Kommunikation. *Historisches Wörterbuch der Philosophie*, Bd. 4, 893–895. Darmstadt: WBG.

Schäffle, Albert. 1873a. *Das gesellschaftliche System der menschlichen Wirthschaft. Ein Lehr- und Handbuch der ganzen politischen Oekonomie, einschliesslich der Volkwirthschaftspolitik und Staatswirthschaft.* 3. Aufl. Tübingen: Laupp (Erstveröffentlichung 1861).

Schäffle, Albert. 1873b. Ueber die volkswirtschaftliche Natur der Güter der Darstellung und der Mittheilung. *Zeitschrift für die gesamte Staatswissenschaft* 22:1–70.

Schäffle, Albert. 1875a. *Bau und Leben des socialen Körpers.* Bd. 1. Tübingen: Laupp.

Schäffle, Albert. 1875b. Ueber den Begriff der Person nach Gesichtspunkten der Gesellschaftslehre. *Zeitschrift für die gesamte Staatswissenschaft* 31:183–193.

Schäffle, Albert. 1878. *Bau und Leben des socialen Körpers.* Bd. 4. Tübingen: Laupp.

Schäffle, Albert. 1885. Mensch und Gut in der Volkswirtschaft oder der ethisch-anthropologische Standpunkt in der Nationalökonomie mit besonderer Rücksicht auf die Grundprinzipien der Steuerlehre. *Gesammelte Aufsätze*, Bd. 1, 158–183, Tübingen: Laupp (Erstveröffentlichung 1861).

Schäffle, Albert. 1905. *Aus meinem Leben.* Bd. 2. Berlin: Hofmann.

Schäffle, Albert. 1906. *Abriß der Soziologie.* Hrsg. mit einem Vorwort von Karl Bücher. Tübingen: Laupp.

Schlözer, August Ludwig. 1777. *Entwurf zu einem Reise-Collegio, nebst einer Anzeige seines Zeitungs-Collegii.* Göttingen: Vandenhoek.

Schlözer, August Ludwig. 1804. *Theorie der Statistik, nebst Ideen über das Studium der Politik überhaupt.* Göttingen: Vandenhoek.

Schlözer, August Ludwig. 1997. *Vorstellung seiner Universal-Historie. Mit Beilagen.* (Nachdr. neu hrsg., eingel. u. komment. v. Horst Walter Blanke). Waltrop: Spenner.

Schmolke, Michael. 2002. Robert Eduard Prutz (1845): Geschichte des deutschen Journalismus. Zum ersten Male aus den Quellen gearbeitet. (Erster Theil. Nachdruck mit einem Nachwort von Hans Joachim Kreutzer. Göttingen: Vandenhoek & Ruprecht 1971). In *Schlüsselwerke für die Kommunikationswissenschaft*, 356–359. Hrsg. Christina Holtz-Bacha und Arnulf Kutsch. Wiesbaden: WV.

Schopenhauer, Arthur. 1920. *Über Schriftstellerei und Stil.* In Parerga und Paralipomena. Sämtliche Werke. Bd. 5, 546–603. Leipzig: Insel-Verlag.

Schramm, Wilbur. 1954. *The process and effects of mass communication.* Urbana: University of Illinois Press.

Schramm, Wilbur. 1963. *The science of human communication.* New York: Basic Books.

Schramm, Wilbur. 1983. The unique perspective of communication. A retrospective view. *Journal of Communication* 33 (3): 6–17.

Schramm, Wilbur. 1997. *The beginnings of communication study in America. A personal memoir.* Hrsg. Steven H. Chaffee und Everett M. Rogers. Thousand Oaks: Sage.

Schwarzkopf, Joachim von. 1976a. *Ueber politische und gelehrte Zeitungen, Meßrelationen, Intelligenzblätter und über Flugschriften zu Frankfurt a. M. ein Beytrag zu der Geschichte dieser Reichs-Stadt.* Frankfurt a. M.: Jäger (Nachdruck Leipzig: Zentralantiquariat der DDR). (Erstveröffentlichung 1802).

Schwarzkopf, Joachim von. 1976b. *Ueber politische Zeitungen und Intelligenzblätter in Sachsen, Thüringen, Hessen und einigen angränzenden Gebieten.* Gotha: Ettinger (Nachdruck Leipzig: Zentralantiquariat der DDR). (Erstveröffentlichung 1802).

Schwarzkopf, Joachim von. 1993. *Ueber Zeitungen. Ein Beytrag zur Staatswissenschaft.* 2. Aufl. Frankfurt a. M.: Varrentrapp und Wenner. (Neudruck unter dem Titel: *Ueber Zeitungen [und ihre Wirkung].* Mit einer Einführung zur Person von Otto Groth. München: R. Fischer). (Erstveröffentlichung 1795).

Seeling, Stefan. 1996. *Organisierte Interessen und öffentliche Kommunikation. Eine Analyse ihrer Beziehungen im Deutschen Kaiserreich. 1871–1914.* Opladen: WV.

Shannon, Claude E., und Warren Weaver. 1969. *The mathematical theory of communication,* 4. Aufl. Urbana: University of Illinois Press.

Smith, Adam. 1974. *Der Wohlstand der Nationen. Eine Untersuchung seiner Natur und seiner Ursachen.* München: Beck (Erstveröffentlichung 1776).

Smith, Adam. 2004. *Theorie der ethischen Gefühle.* (Übers., eingel. und hrsg. v. Walther Eckstein. Mit einer Bibliographie von Günter Gawlick). Hamburg: Meiner (Erstveröffentlichung 1759).

Solomon, Howard M. 1972. *Public welfare, science, and propaganda in seventeenth century France. The innovations of Théophraste Renaudot.* Princeton: Princeton University Press.

Sporhan-Krempel, Lore. 1968. *Nürnberg als Nachrichtenzentrum zwischen 1400 und 1700.* Nürnberg: Verein für die Geschichte der Stadt.

Stichweh, Rudolf. 2000. *Die Weltgesellschaft.Soziologische Analysen.* Frankfurt a. M.: Suhrkamp.

Stichweh, Rudolf. 2005. Setzt die „Weltgesellschaft" auf „Weltkommunikation"? In *Media res: Herausforderung Informationsgesellschaft,* Hrsg. Michael Jäckel und Frank Haase, 175–190. München: Kopaed.

Stieler, Kaspar. 1969. *Zeitungs Lust und Nutz.* Vollständiger Neudruck der Originalausgabe von 1695. Hrsg. Gert Hagelweide. Bremen: Schünemann.

Stöber, Rudolf. 2000. *Deutsche Pressegeschichte. Einführung, Systematik, Glossar.* Konstanz: UVK.

Stöber, Rudolf. 2003. *Mediengeschichte. Die Evolution „neuer" Medien von Gutenberg bis Gates. Eine Einführung.* Bd. 1. Presse – Telekommunikation. Wiesbaden: WV.

Szyszka, Peter. 1990. *Zeitungswissenschaft in Nürnberg (1919–1945).* Nürnberg: Verlag der Kommunikationswissenschaftlichen Forschungsvereinigung.

Thomasius, Christian. 1994a. *Der Studierenden Jugend zu Leipzig in einem Discours Welcher Gestalt man denen Frantzosen in gemeinen Leben und Wandel nachahmen solle? Ein Collegium über des Gratians Grund-Reguln vernünftig, klug und artig zu* leben, 1–70. Nachdruck. Hildesheim: Olms (Erstveröffentlichung 1690).

Thomasius, Christian. 1994b. Von den Mängeln der heutigen Akademien. In *Kleine Teutsche Schriften,* 195–232. Nachdruck. Hildesheim: Olms (Erstveröffentlichung 1688).

Thomasius, Christian. 1994c. Wie ein junger Mensch zu informieren sei. In *Kleine Teutsche Schriften,* 233–270. Nachdruck. Hildesheim: Olms (Erstveröffentlichung 1689).

Thomasius, Christian. 1994d. *Discours Von den Mängeln der Aristotelischen Ethic, und von andern das Jus publicum betreffenden Sachen. Zwei Collegia Über die Christliche Sitten-Lehre und über das Jus Publicum,* 71–116. Nachdruck. Hildesheim: Olms (Erstveröffentlichung 1701).

Thomasius, Christian. 1994e. Die neue Erfindung einer wohlgegründeten und für das gemeine Wesen höchstnöthigen Wissenschaft. *Kleine Teutsche Schriften,* 449–490. Nachdruck. Hildesheim: Olms (Erstveröffentlichung 1701).

Thomasius, Christian. 1995. *Einleitung zur SittenLehre [Von der Kunst Vernünfftig und Tugenhafft zu lieben. Als dem eintzigen Mittel zu einem glückseligen/galanten und vergnügten Leben zu gelangen]*. Nachdruck. Hildesheim: Olms (Erstveröffentlichung 1692).

Thomasius, Christian 2002. *Kurzer Entwurf der Politischen Klugheit*. (Vorwort von Werner Schneiders). Nachdruck. Hildesheim: Olms (Erstveröffentlichung 1707).

Watzlawick, Paul. 1976. *Wie wirklich ist die Wirklichkeit? Wahn – Täuschung – Verstehen*. München: Piper.

Watzlawick, Paul, Janet H. Beavin, und Don D. Jackson. 1971. *Menschliche Kommunikation. Formen, Störungen, Paradoxien*. 2. Aufl. Bern: Huber.

Wendelin, Manuel. 2008. Systemtheorie als Innovation in der Kommunikationswissenschaft. Inhaltliche Hemmnisse und institutionelle Erfolgsfaktoren im Diffusionsprozess. *Communicatio Socialis* 41:341–359.

Wilke, Jürgen. 2000. *Grundzüge der Medien- und Kommunikationsgeschichte. Von den Anfängen bis ins 20. Jahrhundert*. Köln: Böhlau.

Wright, Charles R. 1959. *Mass communication. A sociological perspective*. New York: Random House.